La superguía para la mejor fiesta de pijamas

TEXTO:
Aurore Meyer
ILUSTRACIONES :
Amandine, Marygribouille
y Pierre Uong

ANAYA

Índice

TESTS & TIPS

¿Qué amiga eres? .... p. 4
¿Preparados? ¡Acción! .... p. 6
Lo básico para una fiesta de pijamas exitosa .... p. 10
Decoración superbonita .... p. 12
Desarrollo de la velada .... p. 14
Charlas y risas .... p. 22
¿Realmente conoces a tu mejor amiga? .... p. 28
¿Enamorada o no? .... p. 32
Preguntas de chicas .... p. 36
10 *tips* para ser una superamiga .... p. 44
Feliz de la vida .... p. 58
¡Oh, no, hemos discutido! .... p. 68
¿Sabes guardar un secreto? .... p. 74
Ser la mejor con tus amigas .... p. 102
Gestiona tu amistad con tu BFF .... p. 104
¡A la cama! .... p. 118
¡Gracias! .... p. 120

HAZLO TÚ MISMA

Personaliza tu pijama .... p. 18
Cómo hacer aroma para la almohada .... p. 24
Libreta de amigas .... p. 30
Pompones coloridos de pared .... p. 78
Diseñad vuestras joyas de la amistad .... p. 92
Tote bags de la amistad .... p. 106
Trucos astutos .... p. 112

ESTILO
moda y belleza

Uñas con diseños geniales .... p. 20
Un cabello maravilloso .... p. 56
Taller de maquillaje .... p. 62
Una piel casi perfecta .... p. 82
A la moda .... p. 100

RECETAS

Recetas de comida basura .... p. 26
Recetas *veggie* .... p. 34
Recetas 100 % saludables .... p. 50
Recetas de pícnic .... p. 55
Recetas de primavera .... p. 70
Recetas de verano .... p. 80
Recetas de otoño .... p. 86
Recetas de invierno .... p. 98
Bebidas a montones .... p. 116

JUEGOS DE ROL

Juegos de palabras .... p. 40
Top chef en pijama .... p. 42
Chistes y adivinanzas .... p. 46
Shhhh... ¡Es un secreto! .... p. 48
Juego de cartas .... p. 52
Juegos con papel y lápiz .... p. 72
¡Juegos y actividades para todos! .... p. 88
Espectáculo de famosas .... p. 108

RETOS DE TODO UN POCO

¡Desafíos de locura! .... p. 60
¿Verdad o reto? .... p. 64
¡Retos gastronómicos! .... p. 77
¡Desafíos loquísimos! .... p. 84

100% TEMÁTICOS

Onda *hippie* de paz y amor .... p. 16
Tarde 100 % de cine .... p. 96
Tu fiesta de unicornio .... p. 110
Tu fiesta de Harry Potter .... p. 114

¿Qué amiga eres?

¡La fiesta de pijamas está a punto de comenzar! Pero antes, veamos qué tipo de amiga eres.

1 ¡Vaya! Parece que tu amiga Mélina no está de humor, tú...

A Le cuentas tu mejor chiste para animarla.

B Inmediatamente le preguntas qué le pasa.

C Le propones ir a dar una vuelta en bici por el parque para relajarse.

2 Si fueras un animal, serías...

A Un mono.

B Un gato.

C Un canguro.

3 ¿Qué frase es más probable que te digan tus amigas?

A «Tómate las cosas en serio aunque sea por una vez».

B «¿Qué te parece?».

C «Tranqui. No seas intensa».

4 Cuando no te sientes bien, ¿qué haces para mejorar?

A Analizas lo que te pasa y le encuentras el lado positivo.

B Buscas recargar las pilas y tomarte un tiempo solo para ti.

C ¡Quieres desahogarte!

5 En tu fiesta de pijamas, seguramente habrá...

A Cosquillas, risas y carcajadas.

B Chismorreo y confidencias.

C Desafíos.

6 Tu *hobbie* favorito es...

A Reír.

B Escuchar.

C Jugar.

7 Si fueras a una isla desierta, llevarías...

A Tu libro de chistes.

B Un libro y un diario.

C Un balón y tus deportivas.

Si tienes la mayoría de A
Eres la bromista del grupo.

Contigo todo el mundo lo pasa genial. No paras de contar chistes, de inventar y hacer bromas. Además, te sabes los libros de chistes de memoria. Sabes reírte con los demás sin ofender a nadie y siendo simpática, y no dudas en reírte de ti misma. Tus amigos te buscan para que les transmitas tu buena vibra y les des una dosis de risas diaria.

Si tienes la mayoría de B
Eres como una mami para tu grupo.

¿Una de tus amigas pregunta algo? ¡ Tú le respondes! ¿Y si uno de tus amigos tiene un problema? ¡Haces lo que sea para ayudar a resolverlo! Eres la que siempre está ahí para los demás, a veces incluso en detrimento de ti misma. No soportas ver a la gente de tu alrededor en problemas, y todos saben que pueden contar contigo cuando tienen dudas. Siempre llena de ideas, contagias tu buen humor y tu energía. Está bien, ¡pero también ocúpate de ti misma!

Si tienes la mayoría de C
Eres quien recarga las pilas del grupo.

¡Cuidado con el torbellino! No puedes quedarte quieta ni un segundo, y si puedes llevarte a tus amigas, ¡ellas encantadas! Pero ten cuidado, si participas en una competición, en un juego de mesa familiar o en un reto con una amiga, la regla sigue siendo la misma: lo más importante es divertirse. Obviamente, ¡vas a planear un juego deportivo en tu fiesta de pijamas!

TESTS & TIPS

¿Preparados? ¡Acción!

¿Ya tenéis fecha? ¿Ya lo saben vuestros padres? Entonces, ¡manos a la obra!

¿Qué amigas?

¡No querrás invitar a Angelina Malandrina o a Rosa la venenosa! Lo único que necesitas es a tu pandilla del alma, amigas a las que puedas contarles cualquier cosa, que te hagan reír y te hagan sentir bien. Amigas simpáticas, divertidas, inteligentes..., en definitiva, ¡chicas que sean como tú!

¿La temática?

Puedes elegir algún tema para tu fiesta de pijamas, o no.
¿Quizá prefieras una noche de megasustos, con historias y películas de miedo? ¿O con ratos para confesiones con tus amigas, con mascarillas de belleza, esmalte de uñas y cambios de imagen? ¿O tal vez prefieras un evento para brillar con bailes y coreografías? No olvides comentarlo con tus amigas para que se vayan animando. Es algo así como... ¡la fiesta antes de la fiesta!

¿A cuántas invitar?

No hace falta que seáis cien para divertiros. Una fiesta de pijamas también debe ser un momento para compartir, y es mucho más fácil hablar con tres o cuatro amigas que con doce. Tú decides cuántas invitadas prefieres, pero debes consultarlo con tus padres.

Convencer a tus padres...

... ¡no es pan comido! Elige el momento ideal para hablar con ellos. Evita hacerlo cuando estén ocupados. Tómate tu tiempo para relajarte y actuar con tranquilidad, pues esto ayudará a que estén más receptivos. Diles que ya eres mayor y que pueden confiar en ti, y que cumplirás las normas que establezcan. Elabora un plan de acción: el número de amigas a las que te gustaría invitar, los horarios, las actividades que haréis, etc.

Las invitaciones

Dedicar tiempo a preparar las invitaciones ¡es parte de la diversión de una fiesta de pijamas! Puedes imaginarte la cara de sorpresa de tus invitadas cuando vean todo lo que les has preparado. Aquí tienes lo esencial:

FIESTA DE PIJAMAS

TE INVITO A MI FIESTA DE PIJAMAS EL DÍA .... **/** ....
a partir de las .... h .... y hasta las .... h .... el .... / ....

Mi dirección: ....
....

Confirma por favor antes del .... / ....
al siguiente número: ....

NO OLVIDES TRAER:

- TU PIJAMA
- TU CEPILLO DE DIENTES
- ....
- ....
- ....
- ....
- ....
- ....

¡Espero que asistas!

VE A LA PÁGINA 121 PARA RECORTAR LOS ADORNOS Y PEGARLOS EN LAS INVITACIONES.

La decoración

Haz una lista de todo lo que tienes que hacer antes de que lleguen las invitadas:

- guardar cosas frágiles para no romperlas,
- mover muebles para tener más espacio,
- cosas que comprar o hacer tú misma para adornar como quieras.

La organización

Para asegurarte de que no se te olvida nada para el gran evento, anota las tareas del día. Ve tachándolas sobre la marcha.
¡La comida también es importante en una fiesta de pijamas! Elige las recetas que quieres preparar antes del evento. Piensa en las cosas que debes anticipar y en las que puedes preparar en el último momento.

TESTS & TIPS

Lo básico para una fiesta de pijamas exitosa

Comprueba esta lista para estar segura de que no has olvidado nada.

- Mantitas para acurrucarse.
- Cojines para sentirse cómodas.
- Colchones para dormir a gusto.
- Dulces, definitivamente no deben faltar.
- Peluches achuchables.
- Una película bien elegida para relajarse al final de la noche.
- Un pijama lindo y acogedor. ¿Qué sería de una fiesta de pijamas sin pijama?
- Un cepillo de dientes.
- Una lamparita para alargar la velada en la oscuridad.
- Y, por supuesto..., ¡amigas fabulosas!

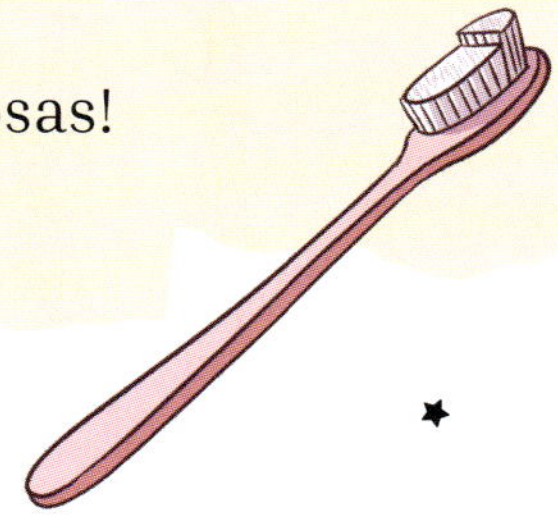

¡Para no aburrirse!

Necesitas:

- un cartón
- un compás
- tijeras
- rotuladores o lápices de colores
- un encuadernador

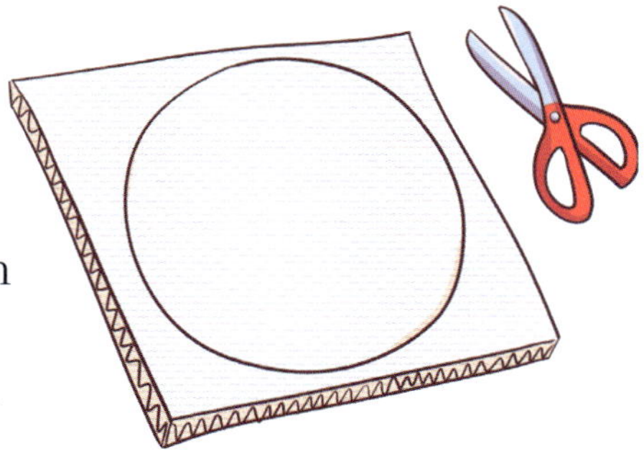

1 Dibuja un círculo grande sobre el cartón y recórtalo.

2 Traza tres líneas para dividir en seis partes el círculo.

3 Con el compás, perfora el centro del círculo.

4 Con el cartón sobrante, haz una pequeña tira en forma de flecha y hazle un agujero.

5 Inserta el broche en la flecha y luego en el centro del círculo y asegura el broche.

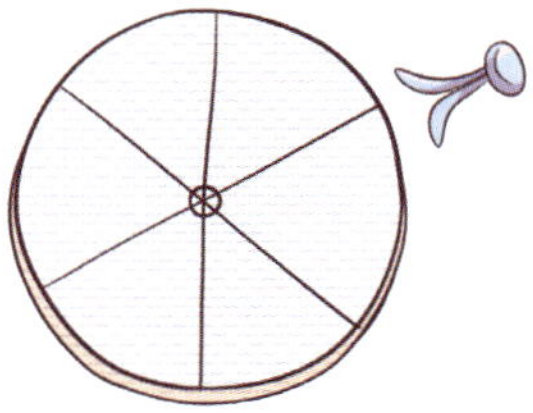

6 Personaliza las seis partes con ideas para actividades como: verdad o reto, baile, juegos de mesa, picoteo, chismorreo y una sesión de belleza.

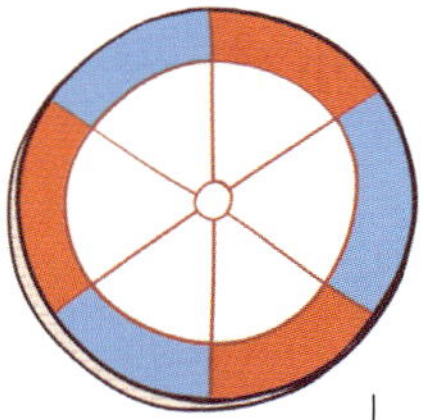

7 Continúa decorando tu gran círculo. Cuando lleguen tus amigas, si no sabes por dónde comenzar, cierra los ojos, gira la flecha... ¡y deja que el azar decida la actividad!

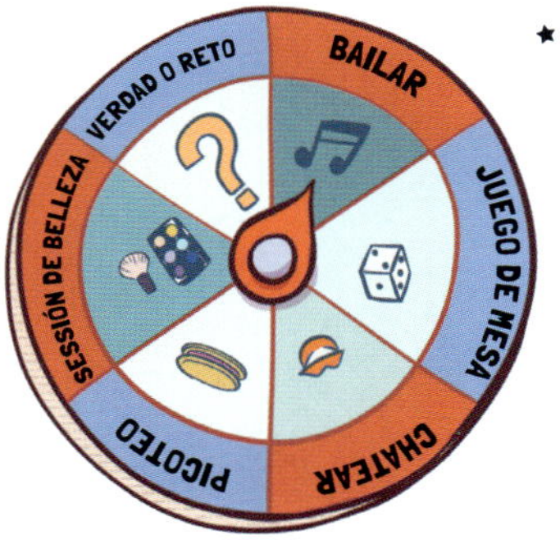

TESTS & TIPS

Decoración superbonita

Tu dormitorio es tu guarida, y debe verse como un auténtico nido acogedor donde tus amigas puedan charlar con toda confianza.

Remodelación

Una habitación llena de adornos pequeños no es necesariamente lo más adecuado para una fiesta de pijamas. Conserva los objetos más bonitos y guarda en cajas los demás. Puedes proponerte un reto e intentar acabar con esta tarea lo antes posible poniendo en funcionamiento un cronómetro mientras ordenas. Guárdalo todo en otra habitación y más tarde recupera tus tesoros. Si crees que tu habitación aún no luce bien y no está decorada a tu gusto, pega pósters en la pared, fotos de recuerdos o espejos bonitos para completar el *look*.

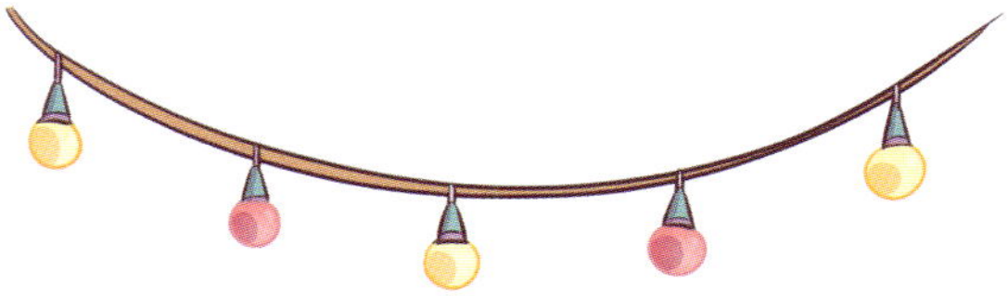

Alfombra suavecita

Si te gusta sentarte en el suelo, pero es de baldosas o parqué, ¡no hay problema! Coloca una alfombra suave que dé calidez a la habitación (¡y a tus piececitos!), porque además es una parte esencial de la decoración.

Iluminación

Lámparas bonitas, luces cálidas, guirnaldas de luces... Hay que variar la intensidad de tus luces. No necesitáis la misma cantidad de luz para jugar a un juego de mesa o para pintaros las uñas que simplemente para charlar.

Dormitorio

Junto con tus padres, decidid con antelación dónde dormirán tus amigas. A ver... ¿Cada una en una habitación? Eso suena aburrido... Lo mejor es encontrar un espacio donde podáis poner colchones en el suelo. Puedes utilizar muchos cojines y mantas grandes para crear una tienda de campaña, ¡el lugar perfecto para charlar!

Desarrollo de la velada

¡Una fiesta de pijamas no se improvisa! Aunque el gran día es importante, hay mil y una cosas que preparar antes del gran día.

D-30

Elige a tus invitadas y haz una lista.

D-30

Negocia con tus padres, a ver si están de acuerdo, y anota sus condiciones para que te den permiso.

D-20

Elige el tema de la fiesta de pijamas y haz las invitaciones.

D-15

Reparte las invitaciones.

D-7

De acuerdo con el número de asistentes, decide en qué lugar hacer la fiesta de pijamas: tu habitación u otra parte de la casa. Elabora el menú.

D-3

Reúne todos los accesorios, compra lo que necesites y decora la casa.

D-1

Prepara el lugar donde van a dormir, haz las camas y pon almohadas y cojines.

El día

10 h
Haz las últimas compras.

11 h
Prepara la comida para la fiesta de pijamas.

14 h
Ordena tu habitación, limpia el polvo y pasa el aspirador.

15 h
Coloca los elementos decorativos.

16 h
Haz la lista de todas las actividades que preparaste para estar segura de que nada se te olvida.

18 h 30
Cuando lleguen tus invitadas, hazlas pasar y haz que se sientan cómodas.

18 h 45
¡Ya llegaron todas! Ahora, preséntales el programa de la noche a tus amigas.

19 h 30
¡A la mesa!

20 h
¡Que comience la fiesta de pijamas!

23 h
¡Hora de dormir! (Puede ser a esta hora o a la que hayas negociado con tus padres).

D + 1
Dales las gracias a tus padres, ¡y ahora toca poner orden!

Ideas de temáticas

- ➔ Alfombra roja especial de estreno de película
- ➔ Risas a montón
- ➔ Musicales
- ➔ Superhéroes
- ➔ Monocromática (todas de blanco, rojo...)
- ➔ Años 80 (¡todos en onda fluorescente!)
- ➔ Cuidados-spa
- ➔ Cambio de imagen
- ➔ Rodeo
- ➔ Karaoke

¡más todos los temas de este libro!

ONDA *HIPPIE* DE PAZ Y AMOR

Es una tarde agradable y cálida, así que es hora de decorar el jardín para recibir a tus invitadas con flores.

La vestimenta

Diles a tus amigas que se vistan con ropa tipo *hippie* chic: falda con estampado de flores, vestido largo, cinturón de plumas, sombrero de paja o cinta para el pelo, muchos collares... ¡Tú decides!

Corona de flores

Para completar tu atuendo, hazte una bonita corona de flores.

Necesitas:

- 50 cm de alambre para rodear la cabeza
- hojas de laurel (u otros arbustos)
- flores de varios colores
- cinta adhesiva

1. Ensarta las hojas de laurel una por una a lo largo del alambre.
2. Enrosca los dos extremos del alambre.
3. Pon las flores en la corona asegurándolas con la cinta adhesiva.

La corona ya está lista, y será aún más bonita cuando se haya secado.

Luces por doquier

Pon farolitos y velas (¡ten cuidado de no quemarte!) aquí y allá, en frascos de cristal, y si tienes, cuelga guirnaldas de luces en los árboles.

Fotos divertidas

Necesitas:

- una sábana blanca
- varios accesorios
- un teléfono

Coloca una sábana blanca grande en el jardín, atada a dos árboles, para que podáis haceros fotos sobre un fondo liso. Pon ropa y objetos diversos en una caja: gafas de sol, corbatas, coronas, gorras, sombreros, diademas... También puedes crear tus propios accesorios. Recorta los dibujos de la página 123 (boca, bigote, etc.). Pégalos en palitos de madera y pon tus creaciones en la caja de accesorios. ¡Será una sesión de fotos muy divertida!

HAZLO TÚ MISMA

Personaliza tu pijama

Pide a tus amigas que traigan una camiseta blanca lisa, grande, para usar como pijama, ¡y dadle un toque personal!

NECESITAS:

- una camiseta blanca
- un trozo de cartón
- una cera o lápiz para tela
- pintura textil de diferentes colores
- un pincel

1. Desliza el trozo de cartón dentro de la camiseta para que la pintura no cale a la parte de atrás. Extiende la camiseta sobre una superficie plana.

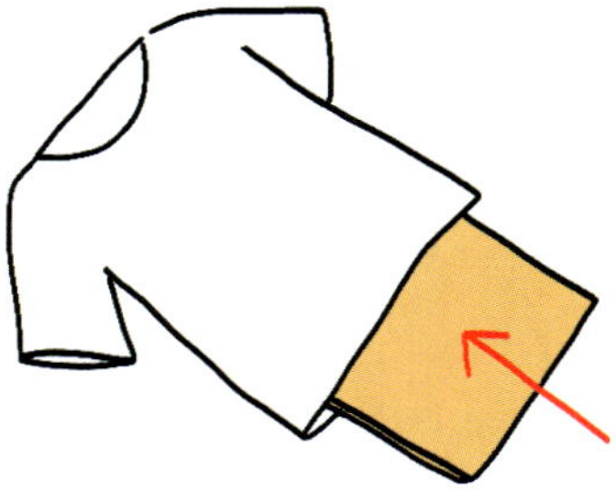

2. Traza a mano alzada los siete arcos del arcoíris. También puedes utilizar un plato. Marca el primer arco y desplaza el plato hacia abajo para dibujar el siguiente, y así hasta terminar.

3. Colorea cada arco con un color diferente. Deja secar entre color y color para evitar que se mezclen, o como esté recomendado por el fabricante de la pintura.

TIP

Si no tienes pinturas de los siete colores del arcoíris (violeta, añil, azul, verde, amarillo, naranja y rojo), prueba mezclando colores y crea un arcoíris original.

¡Hay miles de ideas!

Aquí tienes otros dibujos fáciles de hacer en pijamas. ¡Elige los que más te gusten o crea otros!

¿Lo sabías?

El pijama de una pieza que tiene apariencia de algún animal viene directamente de Japón. Originalmente se utilizaban para el *cosplay*, desfiles de gente disfrazada de personajes de manga. En realidad, *cosplay* significa «disfrazarse de peluche».

ESTILO moda y belleza

Uñas con diseños geniales

Es muy divertido pintarse las uñas entre amigas. ¡Da rienda suelta a tu imaginación para tener unas uñas únicas y llamativas!

Pandita *style*

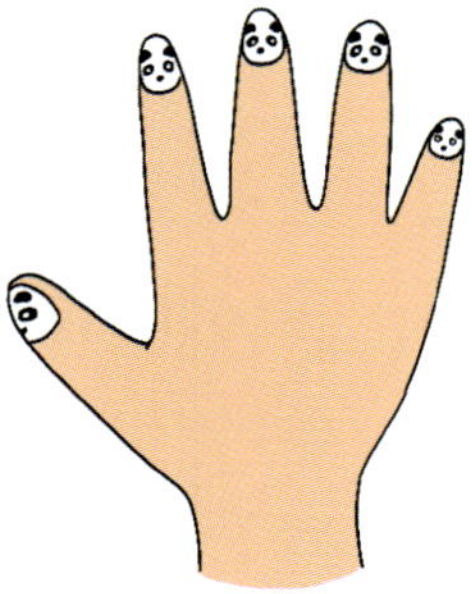

Primero, pinta tus uñas de blanco y déjalas secar. Después, con un pincel fino y color negro, dibuja los ojos, el hocico y las orejas del panda en cada uña. Deja secar. Finalmente, pon dos puntos blancos para las pupilas de los ojos.

Uñas de *smileys*

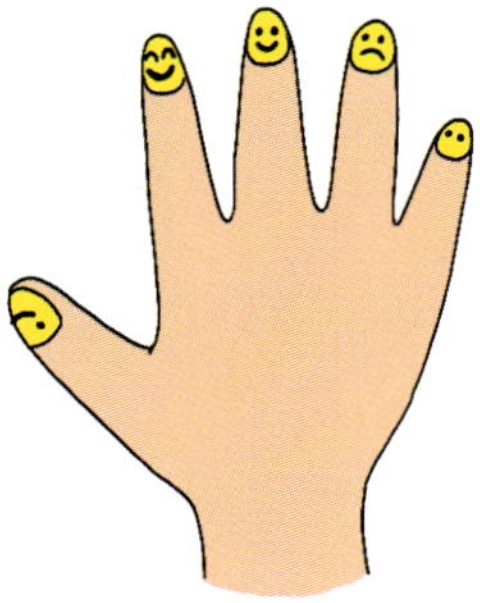

Aplica esmalte amarillo en todas las uñas. Luego, utiliza esmalte negro, rosa o rojo para personalizar tus uñas según tu estado de ánimo.

Puntitos por todas partes

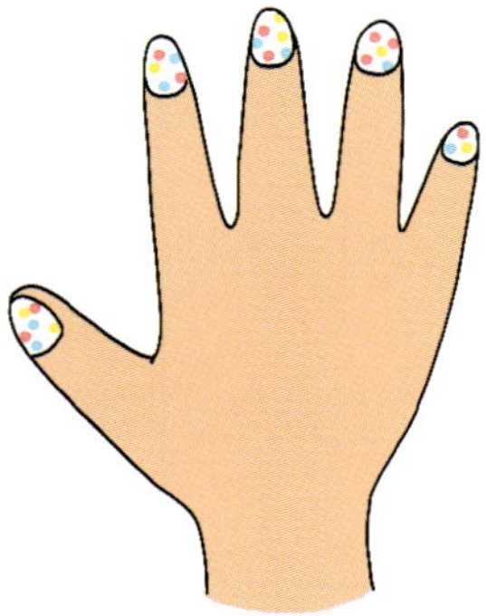

Aplica una capa de esmalte blanco en todas las uñas. Deja secar y pon pequeños puntos de color en las uñas. Según tus preferencias, elige un solo color para dibujar los puntos u opta por un resultado multicolor. También puedes invertir el proceso aplicando esmalte de uñas de color sobre la base, salpicada de pequeños puntos blancos. ¡Qué chulo!

Dedos multicolores

Reunid todos vuestros esmaltes de uñas e intentad pintaros cada uña de un color diferente para conseguir un efecto arcoíris.

Cuida tus manos

Para terminar esta sesión de manicura con estilo, aquí tienes una receta de bálsamo para manos secas.

Mezcla 1 cucharadita de aceite de oliva, 1 cucharadita de jugo de limón, 2 cucharaditas de miel y una yema de huevo.

Aplícate la mezcla en las manos y déjala actuar durante 15 minutos. ¡Te quedarán las manos supersuavecitas!

TESTS & TIPS Charlas y risas

Quizá os sintáis un poco tímidas al principio de la velada, pero si sigues estos consejos, al cabo de unos minutos ¡estaréis imparables!

¿De qué hablar?

Es una pregunta extraña, sobre todo si sois amigas desde hace tiempo, pero a veces es necesario romper un poco el hielo. Para entrar en ambiente, puedes empezar con un juego de verdad o reto. Al principio se juega por jugar, pero, a medida que el juego avanza, todo el mundo habla y la conversación se anima. Si necesitas inspiración, consulta las páginas 64 a 67, ahí encontrarás muchas ideas estupendas para animar el juego. También puedes contar chistes para crear un ambiente de lo más entretenido.

Un pequeño obsequio para empezar

Para hacer más interesante la fiesta de pijamas, pídele a cada invitada que traiga un minirregalo. Podéis hacerlo vosotras mismas, llevar objetos reciclados o comprarlo. En este último caso, poneos de acuerdo en un presupuesto apropiado, por ejemplo, 5 euros. Al principio de la velada, colocad todos los regalos en el mismo lugar y asignad al azar un regalo a cada una.

¿Confiar es buena idea?

A veces, mostrarnos tal como somos puede dar un poco de miedo. Hay que confiar mucho en nuestros amigos para contarles un secreto. Sin embargo, una velada como esta puede ser ideal para que todos compartan sus alegrías y decepciones. Si una amiga te habla de temas que le apasionan, es porque se siente segura, ¡así que no hay que traicionarla! Y si hablas demasiado, o si no puedes esperar más, toma rápidamente un bolígrafo y tu diario personal. Uf, ¡tu secreto está a salvo!

HAZLO TÚ MISMA

Cómo hacer aroma para la almohada

Una buena fiesta de pijamas es genial. Pero no hay nada como una cama que huela bien para tener dulces sueños...

NECESITAS:

- un espray de 60 ml o más
- un embudo
- 5 ml de extracto de hamamelis (se puede comprar en farmacias)
- 5 gotas de aceite esencial de lavanda o mandarina
- una etiqueta blanca
- rotuladores

1 Vierte los ingredientes en el espray utilizando el embudo.

2 Añade 45 ml de agua.

3 Escribe el nombre de tu poción mágica en la etiqueta y personalízala. No olvides escribir la fecha de caducidad de tu poción (puede conservarse hasta seis meses). Pega la etiqueta en la botella.

Agítala y pide un deseo (así funciona mejor).

Rocía la almohada y el edredón antes de usarlos. No olvides agitar el frasco antes de cada uso.

Algunos ejemplos de etiquetas para que te inspires...

- → Buenas noches, peques
- → ZZZZ
- → Para un sueño maravilloso
- → ¡Hora de dormir!
- → ¡A la cama, amigas!
- → Para los dulces sueños
- → Adiós a las pesadillas

RECETAS

Recetas de comida basura*

No todos los días vienen tus amigas a dormir a casa. Así que esta noche, excepcionalmente, ¡las verduras no están invitadas a tu cena!

CRUASÁN DE JAMÓN

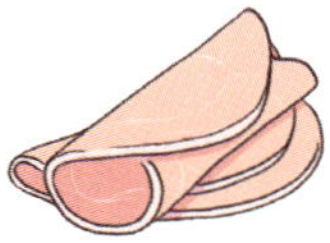

NECESITAS:

- 1 pieza de masa de hojaldre
- 4 lonchas de jamón cocido
- 30 g de queso emmental rallado
- 2 cucharadas soperas de leche

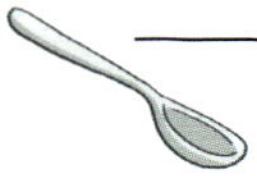

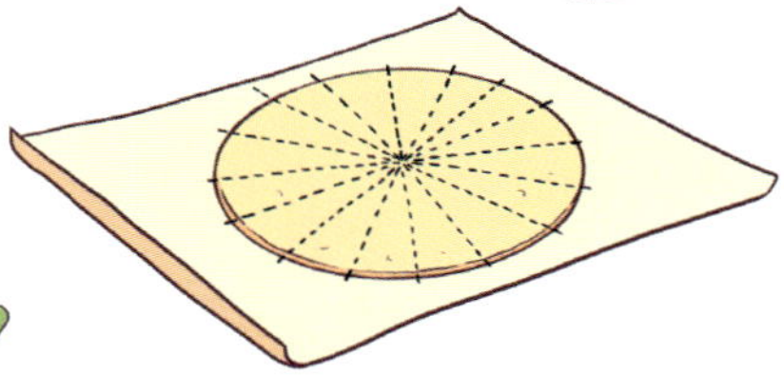

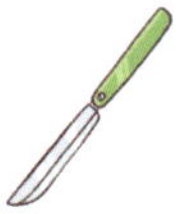

1 Precalienta el horno a 200 °C.

2 Desenrolla el hojaldre y córtalo en cuartos, luego corta cada rebanada en cuatro más para obtener dieciséis triángulos.

3 Corta pequeños trozos de jamón y colócalos sobre la masa.

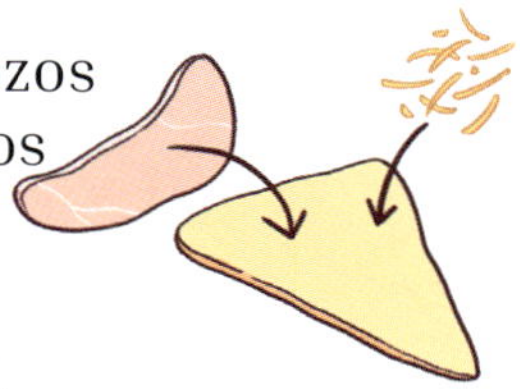

4 Espolvorea con el queso emmental.

5 Enrolla cada triángulo en forma de medialuna, empezando por la base y trabajando hacia la parte superior.

6 Con un pincel de cocina, barniza los cruasanes con la leche.

7 Coloca los cruasanes en una bandeja forrada con papel de horno y hornea durante 25 minutos.

Puedes sustituir el jamón y el queso por crema de chocolate y servir tus cruasanes.

PARA ACOMPAÑAR: ¡UNA ENSALADERA XXL LLENA DE PATATAS FRITAS!

*Alimentos de mala calidad perjudiciales para la salud si se consumen con demasiada regularidad.

GALLETAS DELICIOSAS

NECESITAS:

- → 100 g de chocolate negro
- → 125 g de mantequilla
- → 175 g de harina
- → 1/2 sobre de levadura
- → 75 g de azúcar
- → 60 g de azúcar moreno
- → 1 cucharada de extracto de vainilla
- → 1 huevo

1 Precalienta el horno a 180 °C.

2 En una tabla de cortar, rompe el chocolate en trocitos.

3 Derrite la mantequilla en el microondas durante unos segundos o en una olla a fuego lento.

4 Pon en un tazón la harina, la levadura, el azúcar, el azúcar moreno y el extracto de vainilla.

5 Añade la mantequilla derretida y mézclalo todo.

6 Añade el huevo y los trozos de chocolate y vuelve a mezclar.

7 Haz montoncitos de masa en una bandeja forrada con papel de horno y hornea de 12 a 18 minutos, según tu gusto.

8 Cuando se complete el tiempo, saca las galletas y déjalas enfriar antes de retirarlas de la bandeja.

No te preocupes si no parecen cocidas al salir del horno. Se secarán, ¡y en unos minutos estarán perfectas!

TESTS & TIPS

¿Realmente conoces a tu mejor amiga?

Leed juntas las preguntas, escribid lo que pensáis y luego pide a tu mejor amiga que te deje ver sus respuestas.

PREGUNTA	LO QUE PIENSAS	SU RESPUESTA
→ ¿Cuál es su color favorito?		
→ ¿Cuál es su película favorita?		
→ ¿Quién es su actor favorito?		
→ ¿A qué estrella de cine le gustaría conocer?		
→ ¿Cuándo es su cumpleaños?		
→ Si tuviera que adoptar una mascota, ¿cuál elegiría?		
→ ¿Cuál es su mayor miedo?		
→ ¿Cuál es su asignatura favorita?		
→ ¿Qué país le gustaría visitar?		
→ ¿Cuál es su deporte favorito?		
→ ¿Cuál es su mayor cualidad?		
→ ¿Cuál es su peor defecto?		
→ ¿Cómo se llaman sus padres?		
→ ¿Cuál es el regalo de sus sueños?		
→ Aparte de ti, ¿quién es su otra mejor amiga?		
→ ¿Cuál es su mes favorito del año?		
→ ¿Qué dulce es su perdición?		

PREGUNTA	LO QUE PIENSAS	SU RESPUESTA
→ ¿Sabes cómo se llama el chico que le gusta?		
→ ¿Cuál es su comida favorita?		
→ Si se convirtiera en una flor, ¿cuál sería?		
→ ¿Qué trabajo sueña con hacer?		
→ Si pudiera elegir, ¿cuántos hermanos y hermanas querría tener?		
→ ¿Cuál es su música favorita?		

8 respuestas o menos en común
Comenzáis a conoceros.

Puede que no os conozcáis desde hace mucho tiempo. Y puede que no sepas su color favorito, pero eso no significa que no os caigáis bien. Aún os quedan mil cosas por descubrir la una de la otra, ¡lo cual es genial!

Entre 9 y 17 respuestas en común
Os conocéis bien.

Sabes lo suficiente sobre ella como para considerarla tu mejor amiga para toda la vida. Además, ¿quién dice que tenéis que saberlo todo la una de la otra? Compartís juegos, risas, actividades y buenos momentos, y eso es suficiente... ¡por ahora!

Tenéis 18 o más respuestas en común
Os conocéis como la palma de la mano.

Tenéis una relación muy estrecha. No sois amigas, ¡sois más que eso!: ¡sois hermanas de corazón! No tiene secretos para ti, te lo cuenta todo. Una amistad así es sagrada. ¡Seguid así!

HAZLO TÚ MISMA

Libreta de amigas

¡Estáis juntas y pasando un gran momento! ¿Por qué no inmortalizar esta velada en una libreta para la eternidad?

NUESTRA FIESTA DE PIJAMAS

BFF DE POR VIDA:

- Carmen
- Lena
- Lila
- Mía

Nombre de nuestro equipo: Hermanas de corazón

NUESTRO ACRÓSTICO:

A migas de por vida
M ejores
I ncreíbles
G rupo inseparable
A lucinantes y muy divertidas
S upercool

LO QUE NOS UNE:

- Nuestras pasiones:
- Nos conocemos desde:

El chico más guapo

Nuestra peor rival

El profe más temido

Después de la fiesta

NECESITAS:

- una libreta
- bolígrafo
- rotuladores
- pegatinas
- celo
- tijeras

Para seguir disfrutando de la fiesta de pijamas llevaos la libreta a casa por turnos. Y ¿qué puedes escribir en ella cuando no estés con tus amigas para inspirarte? ¡Lo que se te ocurra! Piensa en esta libreta como en un diario que compartís. Puedes escribir tus alegrías, tus penas, tus diferentes estados en el día. Puedes añadir *collages,* dibujos, cómics. Decidid juntas cómo os gustaría rotar la libreta: una semana cada una, un mes cada una, etc.

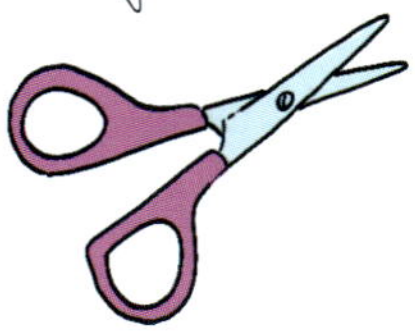

Hasta la próxima fiesta

¡Te divertirás mucho leyendo y escribiendo en esta libreta de amigas! Podrás recordar lo bien que lo pasasteis o pensar en resolver los problemitas que tuvistéis... ¡y te encantará pensar cómo la siguiente fiesta de pijamas podría superar a esta!

TESTS & TIPS

¿Enamorada o no?

Siempre es muy difícil saber si la persona que te gusta en secreto siente lo mismo.

¿Qué es el amor a primera vista?

A veces, cuando menos te lo esperas, te enamoras por completo. Miras a ese chico y es como si te electrizara. No puedes quitarle los ojos de encima, tu corazón late más rápido y quieres estar con él todo el tiempo.

Las señales no engañan

Si asumes (¡y es verdad!) que cada persona es diferente, es difícil saber si tu *crush* siente lo mismo por ti o no... Si te acercas a él, le sonríes y él te devuelve la sonrisa, ¡es un buen comienzo! Si el chico siempre está en el mismo lugar que tú, si tartamudea cuando te habla, si te defiende o si vuestras miradas se encuentran a menudo, ¡lo más probable es que ya haya algo entre vosotros!

Iguales… pero diferentes

A veces pensamos que los chicos son más fríos, que tienen el corazón de piedra, que prefieren hacer deporte y fanfarronear, a diferencia de las chicas, que nos gusta estar tranquilas, charlar y reírnos. Lo cierto es que no hay dos chicos iguales. Y lo mismo ocurre con las chicas. Así que ve las cosas de otra manera: deja a un lado las ideas preconcebidas. Cada persona es diferente, y eso es lo que enriquece las relaciones.

¡NUNCA HE ESTADO ENAMORADA!

¡No pasa nada! Quizá aún no hayas encontrado a la persona o el momento adecuado para acercarte a alguien. Eso es perfectamente normal a tu edad. No hay nada de qué preocuparse: ¡tienes toda la vida por delante!

Recetas veggie

Para quienes piensan en la naturaleza, en los animales y en preservar nuestro hermoso planeta, hay opciones de platos 100 % veganos.

FLORES DE MANZANA

NECESITAS:

- → manzanas
- → palillos
- → jugo de limón

1 Corta media manzana y retira el corazón. Parte la media manzana por la mitad.

2 Haz lo mismo con la otra media manzana.

3 Coloca los cuartos de manzana con la cáscara hacia arriba y córtalos en rodajas finas.

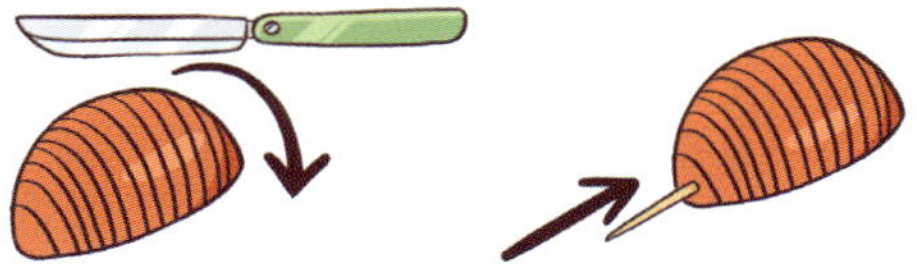

4 Utiliza los palillos para mantener unidas las rodajas.

5 Extiende las rodajas de manzana en círculos para formar flores.

6 No dejes pasar mucho tiempo para servir este postre a tus invitadas. De lo contrario, rocía las flores con jugo de limón para evitar que la manzana se oscurezca.

Cubitos megarricos

Si te sobraron trozos de manzana, córtalos en dados pequeños. Dóralos en margarina vegana en una sartén a fuego medio, removiendo regularmente. La manzana debe quedar dorada y crujiente. Cuando la textura esté en su punto, vierte la mezcla en vasitos y espolvorea con azúcar blanco. ¡Una delicia!

VEGGIBÓNDIGAS

NECESITAS:

(para 4 personas)

- 2 patatas
- 1 calabaza pequeña
- 1 zanahoria
- 1 tomate
- especias (pimentón, comino...)
- sal y pimienta
- 4 cucharadas de pan rallado
- 1 cucharada sopera de harina

1 Precalienta el horno a 180 °C.

2 Lava y pica las verduras en trozos pequeños.

3 Cuécelas en agua hirviendo con sal durante 10 minutos.

4 Cuando estén blanditas, ponlas en un tazón y tritúralas con un tenedor.

5 Ponles las especias de tu preferencia y sal y pimienta. Mezcla bien.

6 Añade el pan rallado y la harina. Vuelve a mezclar.

7 Forma las bolitas y colócalas sobre una bandeja cubierta con papel de horno.

8 Hornéalas 25 minutos.

¡Ya están listas! Ahora solo tienes que mojar las albóndigas en tu salsa favorita (yogur, humus, tomate, etc.) ¡o disfrutarlas solas!

TIP

Puedes hacer tu propio pan rallado con pan duro o triturando biscotes.

Preguntas de chicas

Empieza la adolescencia. En este punto te haces muchas preguntas, ¡y es normal! Aquí tienes algunos consejos que pueden ayudaros a ti y a tus amigas en vuestras tardes de confidencias.

Tu cuerpo cambia

Tu cuerpo de niña va cambiando poco a poco. Notarás que cada vez tienes más curvas, los pechos crecen y el vello corporal también. Antes, tu cuerpo probablemente era parecido al de tus amigas, pero ahora todas sois diferentes. ¡Y con esto vienen los complejos! Aprende a mirarte bien en el espejo. Sí, todas tenemos defectos, pero sobre todo tenemos cualidades encantadoras de las que presumir. No te guíes por las fotos retocadas de chicas que parecen perfectas, mejor anímate a resaltar las cosas que te gustan de ti: destaca tus labios carnosos con un toque de brillo en días especiales, prueba un peinado original para tu pelo suave y sedoso, una falda que deje respirar tus piernas, una camiseta que te siente bien... Mira a tu alrededor y verás que hay mil maneras de sentirse bonita.

¡Tengo *brackets*!

¡Tómalo como una gran ventaja! ¿Quién va a tener una sonrisa perfecta muy pronto? ¡Tú! Mientras tienes el tratamiento debes ser paciente, pronto pasará. Al principio puede ser un poco doloroso, porque los aparatos te aprietan los dientes. Pero al cabo de una semana, ya casi te habrás acostumbrado. Recuerda mantener una higiene bucal impecable (cepíllate los dientes a fondo y con frecuencia) y no consumas alimentos que puedan dañar tus aparatos, como chicles. ¡También debes evitar demasiadas bebidas azucaradas!

¡Alerta roja! Estoy menstruando

Así es. Y volverá cada veintiocho días más o menos, dependiendo de tu ciclo. Antes de que empiece tu periodo, tus pechos se desarrollarán un poco y crecerá el vello. ¡Estas son las señales de alarma! Prepárate antes del gran día llevando en el bolso un kit de emergencia con compresas o bragas especiales para la regla. Sobre todo, habla con alguien de confianza para resolver tus dudas.
¡Todo irá bien! Incluso puedes preguntar a tus amigas que ya hayan pasado por lo mismo.

TESTS & TIPS

Mi primer sujetador

Tus pechos están empezando a crecer y a veces te cuesta hacer cosas. Habla con tus padres. Quizá deberías optar por un sujetador deportivo para que te sientas más cómoda. Cuando creas que ya es necesario usar un sujetador para ir a la escuela, ¡es hora de ir de compras! No dudes en ir acompañada, por supuesto, pero también en pedir consejo a los dependientes: están acostumbrados y podrán recomendarte algo adecuado.

Usar o no usar sujetador

Realmente no es necesario usar sujetador. En los últimos años ha surgido incluso un movimiento de mujeres, las *no bra* (sin sujetador), que defienden su derecho a liberar su cuerpo. Llevar sujetador todo el día puede ser bueno: te sientes arropada y segura. Pero no llevarlo también puede tener ventajas, como sentirte libre para moverte. Cada mujer es diferente y solo tú debes hacer tus elecciones.

¡¿Y si no pasa nada?!

¡Tranqui, amiga! No todas nos desarrollamos al mismo ritmo. La pubertad es un poco hereditaria: si a tu madre le vino la regla a los dieciséis años, es poco probable que a ti te venga a los ocho. Así que no te preocupes. A los veinte años, tendrás la regla, los pechos crecidos y vello como todo el mundo. Y puede que incluso extrañes esos días cuando eras una niña...
¡No hay por qué tener prisa!

Juegos de palabras

¡Aquí tienes algunas ideas para divertirte con las palabras!

Ni sí ni no

Este es un clásico que siempre divierte. La idea es preguntar acerca de cualquier cosa y eliminar al primero que responda «sí» o «no». Quien tenga el turno está obligado a responder. El ganador es la última persona que no dice ninguna de las palabras prohibidas.

Acertijo

¿Has oído hablar alguna vez de los acertijos, el juego en el que hay que adivinar una palabra utilizando varias sílabas como pistas? He aquí un ejemplo:

- Empieza por la primera letra del alfabeto.
- Sigue hablando de «mí».
- Es algo que está aquí hoy*.

¡Ahora te toca a ti inventar el tuyo! Puedes intentarlo con tu nombre o con palabras que te caractericen.

*Amigas (A-mi-gas).

Cadena de palabras

«Amiga-gato-toca-casa-sala-lazo-zodiaco-compañera»... Continúa la cadena de palabras e intenta cantarla.
¡Gana quien no se trabe!

La palabra secreta

1 Recorta tarjetas de cartulina de 5 x 8 cm aprox. Calcula cinco tarjetas por cada participante. Luego, repártelas.

2 Cada jugador escribirá, en secreto, una palabra en la parte superior de cada tarjeta.

3 Cuando todos hayan escrito las palabras en sus tarjetas, ¡puede comenzar el juego!

4 Cada jugador deberá entregar sus tarjetas boca abajo al jugador de su izquierda.

5 El participante más joven empieza el juego viendo la primera tarjeta. En 30 segundos, tiene que hacer que los demás jugadores (excepto quien la escribió, por supuesto) adivinen la palabra de la tarjeta.

6 El juego continúa hasta que se hayan jugado todas las tarjetas.

Los puntos se cuentan de la siguiente manera:

Palabra adivinada = **2** puntos para el jugador que adivinó, **1** punto para el jugador que escribió la tarjeta, **1** punto para el jugador que ayudó a adivinar la palabra.

Palabra no adivinada = **– 2** puntos para el jugador que no consiguió que el jugador adivinara la tarjeta, **– 1** punto para el jugador que escribió la tarjeta.

JUEGOS DE ROL

Top chef en pijama

¿Y si esta noche todas os metierais en la cocina y prepararais una cena digna de los más grandes chefs?

La temática

Puedes decidir la receta que prepararás a varias manos: unas quesadillas de champiñones, una pizza con varios ingredientes, unas crepes, hamburguesas... Por supuesto, deberás reunir los ingredientes de antemano.

Banderines con los colores de Italia

Necesitas:

- ➔ una cartulina blanca
- ➔ rotuladores
- ➔ una regla
- ➔ una perforadora
- ➔ cordón
- ➔ celo

1 Dibuja doce triángulos en la cartulina.

2 Decóralos, por ejemplo, por delante con los colores de la bandera de Italia, y por detrás con dibujos diferentes de trozos de *pizza.*

3 Haz dos agujeros en la parte superior de cada triángulo para pasar el cordón.

4 Une los dos extremos del hilo con celo

Concurso de *pizzas*

Antes de que lleguen tus invitadas, debes preparar todos los ingredientes necesarios. Calcula una *pizza* por cada dos personas.

Necesitas:

(para 6 personas)

- 3 masas para *pizza*
- frascos de 390 g de salsa de tomate especial para *pizza*
- Tazones de estos ingredientes:
  - quesos rallados, *mozzarella,* queso de cabra;
  - champiñones frescos picados, tomates cortados en dados, aceitunas, pimientos picados;
  - lonchas de jamón cortadas en cuadros pequeños, salmón ahumado, rodajas de chorizo, beicon;
  - albahaca, rúcula, orégano, especias.

1 Precalienta el horno a 200 °C.

2 Extiende la masa para *pizza*.

3 Vierte la salsa de tomate y distribúyela.

4 Pon los ingredientes elegidos.

5 Hornea durante el tiempo indicado en el envase de la masa de *pizza*.

6 Cuando las *pizzas* estén listas, córtalas en cuatro y, con los ojos vendados, intenta adivinar los ingredientes o quién los propuso.

Puedes añadir ingredientes exóticos, como trocitos de piña, higos, miel, ramitas de brócoli, rodajas de pera, maíz... Y, por qué no, ¡chocolate y plátano para una pizza dulce!

TESTS & TIPS

10 tips para ser una superamiga

Si quieres darte una buena oportunidad, ¡aquí tienes algunos *tips* para convertirte en la mejor amiga!

Hay dos formas de pensar: o te convences de que no tiene sentido esforzarse por retener a tu amigo junto a ti, o te convences de que la amistad, como el amor, hay que cultivarla. ¡Depende de ti!

1 Operación confianza

Si quieres que tus amigos te conozcan, es importante que aprendas a confiar en ellos y les cuentes cosas importantes para ti. Háblales de tu mundo, de lo que te gusta, de tus miedos, y confíales cualquier duda que tengas.

2 ... Y aprende a escuchar

La amistad es reciprocidad, así que si compartes tus secretos, también tienes que saber escuchar los de los demás. Tus amigos necesitan hablar contigo y que los escuches atentamente.

3 Demuestra tu amistad

No tengas miedo de demostrarles lo mucho que te importan. Puedes prepararles un regalito, acordarte de sus cumpleaños, dejarles una notita con un mensaje cariñoso, etc.

4 Shhh... ¡Es un secreto!

¡No reveles los secretos que tus amigos te confiaron o tu amistad se romperá para siempre!

5 Cada una, su estilo

No intentes convertirte en un clon de tus amigas. Conserva tu propia personalidad.

6 Tiempo, tiempo, tiempo

Intentad veros con frecuencia para compartir buenos momentos. ¡Eso ayudará a ser mejores amigas y a almacenar recuerdos!

7 Respeto

Aunque no compartas sus opiniones, permite que tus amigos piensen como quieran. Discutir puntos de vista también puede enriquecer una amistad, siempre y cuando respetemos las opiniones de la otra persona.

8 Toda la verdad

No les ocultes cosas importantes. Si otra amiga te invita a alguna actividad, no intentes ocultarle la verdad a tu mejor amiga. Sé sincera.

9 100 % amable

Sé considerada con tus amigos. No te burles de ellos y ayúdalos a encontrar soluciones cuando tengan un problema.

10 ¡Una discusión!

¡Claro que ocurren! Pero no dejes que las cosas se salgan de control entre tus amigos y tú. Tampoco tengas miedo de tomar la iniciativa para aclarar el problema. (Ver páginas 68-69).

JUEGOS DE ROL

Chistes y adivinanzas

¡Una fiesta de pijamas no puede tener éxito sin una buena dosis de humor!

En el dentista, la mamá le dice a su hijo:
—Pórtate bien, cariño. Abre la boca para que el médico pueda sacar los dedos.

Claudia regresa de la escuela con la rodilla raspada. Su mamá le dice:
—¡Vaya, seguro que has llorado mucho!
—No fue necesario, mamá, no había nadie.

¿Qué grita un esqueleto que es perseguido por un monstruo?

¡Huesos de camino a urgencias!

Laura le pregunta a su papá:
—Papi, ¿qué te gustaría para tu cumpleaños?
—Me gustaría que sacases buenas notas.
—¡Uy, demasiado tarde! ¡Ya te había comprado una corbata!

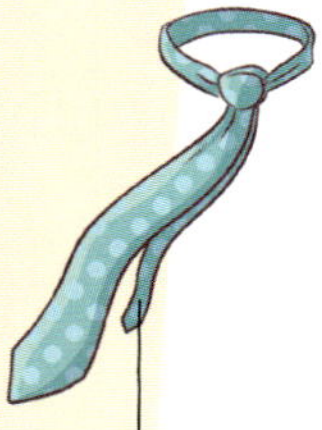

El profesor pregunta:
—Jaimito, ¿qué debo hacer para repartir 11 patatas entre 7 personas?
—Patatas fritas, profe.

¿Qué le dice una mofeta a otra mofeta cuando discuten?

Apestas

José va a hablar con su psicólogo:
—Doctor, doctor, siento que soy un perro.
—¿Y desde cuándo te pasa eso?
—Desde cachorro.

Un hombre pone carteles de «Cuidado con el perro» en su jardín. Su vecino le pregunta:
—¿Por qué pones esos carteles? Tu perro es un chihuahua.
—Pues para que no lo pisemos.

La cuchara y el terrón de azúcar están enamorados. La cuchara le pregunta al terrón:
—¿Dónde podemos volver a vernos?
El terrón muy convencido le contesta:
—En un café.

¿Qué le pregunta una taza de café a otra?

¿Qué tazaciendo?

Un niño va en bicicleta y le dice a su mamá:
—¡Mamá, mamá, sin manos! ¡Mamá, mamá, sin piernas!
De repente se cae de cara, y se levanta y dice:
—Mamá, mamá, ¡sin dientes!

Juanito está hablando con su primo, que es tartamudo:
—¿Por qué estás triste, primo? —pregunta Juanito.
—E-es que-que te-tenía u-un pe-perro y ha-hace cua-cua... —contesta su primo.
—Pero los perros no hacen cua-cua, sino los patos —aclara Juanito.
—Ha-hace cua-cuatro dí-días que-que me-me lo ro-robaron.

JUEGOS DE ROL

Shhhh... ¡Es un secreto!

Para comunicarse, los espías establecen un plan y, por supuesto, un código. Aquí tienes algunas ideas para comunicarte con total seguridad.

El acróstico misterioso

¿Has escuchado hablar de los acrósticos? Es un texto en el que las primeras letras de cada línea forman una palabra cuando se leen verticalmente. Tienes que tomar la primera letra de cada palabra para descubrir el misterio. Ejemplo: RATO se convierte en «Rápido Antes de que Todos nos Odien».

Letra extra

Coloca una letra intrusa en tus mensajes, por ejemplo en «Hasta mañana»: Hxaxsxtxax-mxaxñxaxnxa.

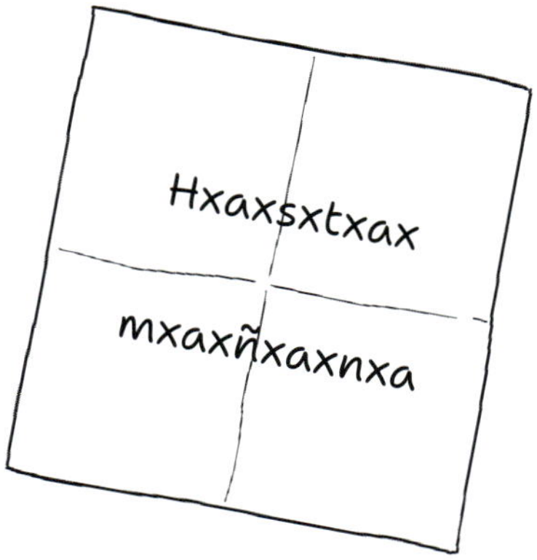

Habla con F

Es un código sencillo que puede funcionar para que casi nadie entienda lo que hablas con tus amigas. Solo pon una sílaba con f en concordancia con las sílabas de las palabras.
Ejemplo:
Efestofoyfi
efenafamoforafadafa defe
Lefeofo.

Código visual

Para poder comunicarte en clase o en el recreo, desarrolla códigos visuales y practícalos en la fiesta de pijamas:

- ➔ Rascarse la barbilla significa: «Sálvame de esta conversación».
- ➔ Morderse el labio significa: «Nos vemos a la salida».
- ➔ Mover el pelo significa: «Te alcanzaré cuando termine».

¡Puedes inventar tu propio código!

Trampas para espías

¡Protege la libreta de amigas! (En páginas 30-31). Los espías, como tu hermano menor o una chica de tu clase, están al acecho, y a veces los códigos secretos no son suficientes. Aquí tienes lo necesario para atrapar a los más malvados. Es fácil, solo tienes que echar un poco de harina dentro de la libreta... Si alguien la abre, ¡la harina se caerá! También puedes dejar un cabello entre las páginas: al abrir la libreta, el cabello se perderá.

RECETAS

Recetas 100 % saludables

Imaginémonos en el cuerpo de un atleta que sigue una dieta equilibrada y preparemos alimentos buenos y sanos.

BROCHETAS TUTIFRUTI

NECESITAS:

- palitos para brocheta
- frutas de temporada

1 Corta en trozos la fruta que sea necesario cortar (trozos no demasiado pequeños, para que no se deshagan al insertarlos en el palito).

2 Intenta crear una bonita armonía de colores si es verano. Si es invierno, no importa: ¡una brocheta de kiwi, manzana y plátano quedará genial!

ENSALADA MULTIVITAMÍNICA

NECESITAS:

- pasta, arroz, quinoa o similar
- tomatitos cherry
- 1 bote pequeño de espárragos
- 1 lata pequeña de corazones de alcachofa
- 1 pepino
- 1 aguacate
- 2-3 lonchas de jamón cocido
- 1 lata pequeña de atún
- 1 lata pequeña de maíz dulce
- pollo asado desmigado
- queso en dados (fresco, manchego o queso crema)

1. Cuece la pasta, el arroz o la quinoa durante el tiempo que indique el envase. Para calcular la cantidad, divide entre dos el número de comensales. Si sois cuatro, por ejemplo, cocina la cantidad indicada para dos personas.
2. Corta los tomatitos cherry por la mitad (así evitarás que exploten y manchen a tu vecino al primer bocado).
3. Corta los espárragos y los corazones de alcachofa en trozos un poco más pequeños.
4. Pela y corta el pepino en rodajas.
5. Haz lo mismo con el aguacate.
6. Corta el jamón en tiras pequeñas.
7. Desmenuza el atún.
8. Coloca todos los ingredientes en tazones diferentes.

¿Están todos los ingredientes listos? Lo único que tienes que hacer es reunir la combinación de tus sueños y ¡disfrutar de tu ensalada personalizada!

SALSA VINAGRETA

Mezcla 1 cucharadita de mostaza, 2 cucharadas de vinagre balsámico, 3 cucharadas de aceite de oliva, sal y pimienta.

Juego de cartas

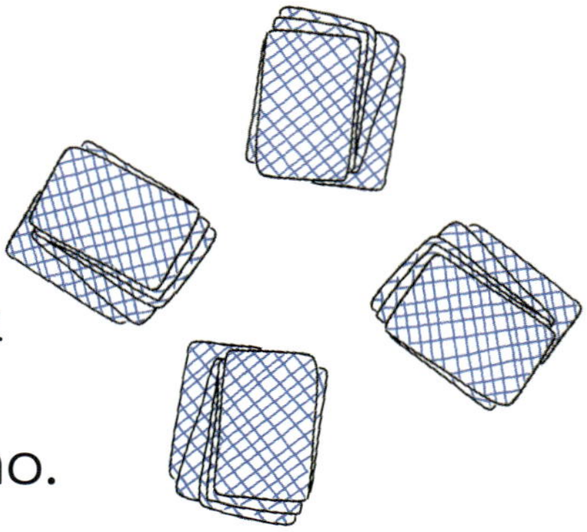

¿Te aburres? Entonces coge una baraja y organiza una emocionante partida con tus amigos. Aquí te explicamos cómo.

Necesitas:

4 JUGADORES

- un juego de 32 cartas

La partida se juega en siete rondas:
- las bazas,
- los corazones,
- las damas,
- el barbudo,
- las dos últimas bazas,
- la ensalada,
- el éxito.

Reglas generales:

Las cartas van desde el 7, la más baja, hasta el as, la más alta.

→ El objetivo del juego es conseguir el menor número de puntos posible al final de las siete rondas.

Uno de los jugadores reparte todas las cartas; luego, en la siguiente ronda, le toca al jugador situado a su izquierda, y así sucesivamente durante las rondas restantes.

El jugador situado a la izquierda del que reparte comienza la ronda poniendo sobre la mesa una carta del palo que elija (picas, corazones, diamantes, tréboles). El jugador que ponga la carta más alta del palo solicitado gana la baza (es decir, todas las cartas que se acaban de poner sobre la mesa), las levanta y vuelve a jugar. Cuando un jugador no tiene el palo solicitado, puede poner otra carta, pero no gana la baza.

Ronda 1: las bazas

El objetivo es ganar el menor número posible de bazas, por lo que el objetivo es tener cartas bajas. Al final de la ronda, se añaden 10 puntos al marcador por cada baza ganada.

Ronda 2: los corazones

El objetivo es ganar el menor número posible de corazones. Consejo: si alguien juega tréboles y no tienes tréboles, puedes descartarte de un corazón. En este caso (como se ve en la regla general), ¡no ganas la baza! Al final de la ronda, se añaden 10 puntos al marcador por cada corazón ganado.

Ronda 3: las damas

El objetivo es ganar el menor número posible de reinas o damas. Al final de la ronda, se añaden 20 puntos al marcador por cada reina ganada.

Ronda 4: el barbudo

El barbudo es el rey de corazones. El objetivo es no ganar al barbudo. Así que tienes que hacer todo lo posible para que la persona con el as de corazones se coma a tu amigo barbudo y gane la baza. Otra técnica consiste en intentar deshacerte de uno de los cuatro colores lo antes posible para poder descartar a tu barbudo de ese color. Y, ¡bingo, no ganas la baza!, se la das a uno de los otros jugadores. Al final de la ronda, el jugador que ha ganado al barbudo recibe 80 puntos en el marcador.

Ronda 5: las dos últimas bazas
El objetivo es no ganar ni la última baza ni la penúltima. Al final de la ronda, el marcador cuenta +30 puntos por la penúltima baza y +50 puntos por la última baza.

Ronda 6: la ensalada
En esta ronda se suman las cinco rondas anteriores. Así que tienes que hacer el menor número posible de bazas, ganar el menor número posible de corazones, no ganar ni las damas, ni el barbudo, ni la última baza, ni la penúltima baza. Nota: las puntuaciones se calculan como antes, así que, si ganas la baza con la reina de corazones, por ejemplo, vale: una baza + una reina + un corazón, es decir, 40 puntos.

Ronda 7: el éxito
El primer jugador juega una carta que determina el «valor» del éxito (por ejemplo, el 9 de picas). El siguiente jugador puede jugar una carta inmediatamente superior o inferior a esta carta, respetando su palo, o empezar un nuevo palo poniendo la carta de este palo del «valor» determinado al principio (en este caso sería un 9). Está prohibido pasar si se puede jugar. Cuando un jugador pone un as, puede volver a jugar inmediatamente.

El objetivo del juego es ser el primer jugador en deshacerse de todas sus cartas. El primer jugador que se quede sin cartas ganará 300 puntos; el segundo jugador, 100 puntos; los demás jugadores, 50 puntos, y el último jugador no gana nada.

EL JUGADOR CON MENOS PUNTOS DESPUÉS DE SIETE RONDAS ¡GANA EL JUEGO!

RECETAS

Recetas de pícnic

Para todos estos pequeños bocados, el principio es el mismo: ¡sin cubiertos!

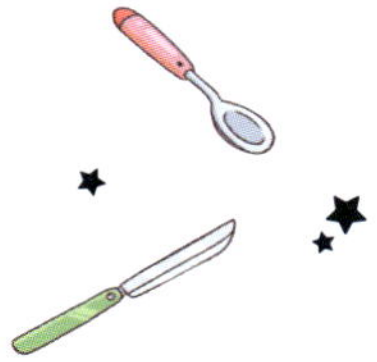

NECESITAS:

(para 2 sándwiches)

- → 2 tomates
- → 1 trozo de *mozzarella*
- → 1 pan tipo *baguette*
- → 2 cucharadas de pesto
- → albahaca (opcional)

SÁNDWICHES DE SOL

1 Corta los tomates y la *mozzarella* en rodajas.

2 Corta la *baguette* por la mitad y abre cada mitad a lo largo.

3 Unta el pan con pesto y cúbrelo con las rodajas de tomate y *mozzarella*.

4 Añade unas hojas de albahaca.

NECESITAS:

- → una huevera de 12 huevos
- → papel de aluminio
- → frutos del bosque: grosellas negras, arándanos, frambuesas, fresas, etc.
- → frutos secos: nueces, anacardos, almendras, avellanas, etc.
- → queso en dados: fresco, manchego, edam, etc.

SOBRE LA MARCHA

1 Recorta 12 cuadraditos del papel de aluminio y forra con ellos los huecos de la huevera.

2 ¡Rellena todos los huecos con tus ingredientes!

Un cabello maravilloso

Estar contentas con nuestra apariencia es esencial para estar en paz con nosotras mismas.
¡Y todo empieza con una bonita melena!

Un corte para cada rostro

Según la forma de tu cara, algunos cortes son mejores que otros.
Pero no dudes en peinarte como más te guste.

→ **Tienes el rostro ovalado**. Esa forma te permite dar rienda suelta a tu imaginación. Largo, corto, rizado o liso, ¡puedes tenerlo todo!

→ **Tienes la cara redonda**. Lo mejor es mantener la frente despejada y optar por un corte largo. También puedes probar con un flequillo grande e intentar dar volumen a tu pelo para romper la redondez.

→ **Tienes el rostro cuadrado**. Lo mejor es un corte recto, un corte recto más largo por delante o un poco de capas para darle movimiento.

A cada quien, lo suyo

Solemos llevar el pelo siempre igual, así que una fiesta de pijamas es el momento perfecto para probar un cambio de *look*. Por turnos, desafiaros a crear el peinado de todos los días y EL peinado estrella. ¡Seguramente habrá sorpresas!

El flequillo: ¿buena o mala idea?

Durante la adolescencia, el pelo tiende a engrasarse más rápido que en otras épocas de la vida. Y los flequillos grasos no son lo mejor. Si aun así lo quieres, tienes que ser consciente de que implica más mantenimiento, más tiempo y más cuidados. Para darle a tu pelo una ayuda entre champú y champú, puedes aplicarte un champú en seco.

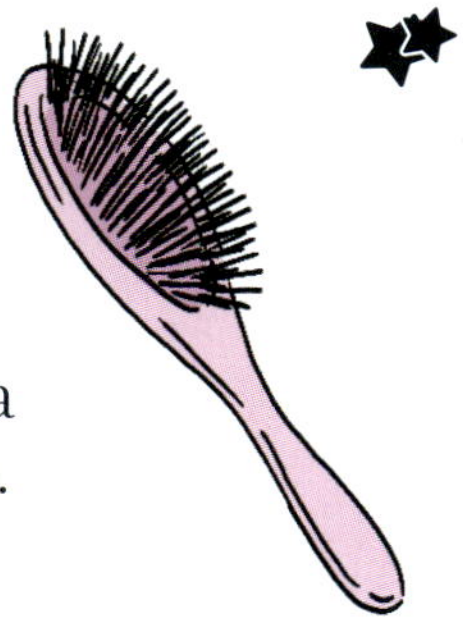

TIP

Si quieres que tu pelo esté brillante y sedoso rápidamente, antes de que lleguen tus invitadas bate un huevo y aplícatelo en el pelo, espera 20 minutos y luego enjuágalo.

TESTS & TIPS

Feliz de la vida

No siempre es fácil sentirse a gusto con compañeros o en grupo en cualquier circunstancia... Con un poco de práctica, una buena dosis de ánimo y unos cuantos cumplidos, ¡todo resulta más fácil!

Hazte valer

Decir lo que piensas no siempre es tan fácil como parece. Temes decepcionar a la otra persona, quieres quedar bien, quieres encajar. ¿Te encanta el rosa pero no te atreves a decírselo a tus amigos porque pensarán que eres una niña pequeña? Conviértelo en tu punto fuerte, en tu rasgo distintivo. Aprende a atreverte a ser diferente y a reafirmarte en pequeñas cosas, y pronto podrás revelar todo el potencial de tu personalidad. Debes quererte por lo que eres, no por lo que haces.

Aprende a decir que no

A veces, decir sí es más fácil que decir no. Si crees que alguien abusa de tu amabilidad pidiéndote demasiados favores, si no tienes ganas de hacer una actividad ese día, o si simplemente no quieres invitar a alguien a la próxima fiesta de pijamas, tienes un superpoder: ¡el poder de decir que no!

Acepta la amabilidad

No siempre es fácil aceptar cumplidos cuando eres un poco tímida, pero es bueno para tu corazón y tu autoestima. La próxima vez que alguien te diga, por ejemplo: «Oh, qué bien te queda esa ropa», en lugar de responder rápidamente con un: «Bah, me da igual», agradece el cumplido con una frase como: «¡Ay, gracias! Hoy me siento más guapa que nunca».

Recompénsate

No esperes a que los demás te alaben o te feliciten. La primera persona que debe preocuparse por ti... ¡eres tú! Sé agradecida contigo misma y sé consciente de todas tus cualidades y éxitos. Ve el vaso medio lleno en lugar de medio vacío. ¡Eso ayuda y funciona!

RETOS DE TODO UN POCO

¡Desafíos de locura!

Las fiestas de pijamas son estupendas para charlar, aunque divertirse poniendo retos ¡es mucho mejor! ¿Estás preparada? ¡Vamos a empezar!

Apartados del mundo

El primer jugador debe ponerse auriculares y escuchar música en silencio. Mientras tanto, otro participante debe decir una palabra para que el jugador que tiene los auriculares le lea los labios y trate de adivinar la palabra. Puedes ponerle mayor dificultad haciendo que el jugador adivine una frase completa. ¡No es nada fácil!

¿Dulce o salado?

Necesitarás cinta adhesiva, vasos de papel y galletas. Pega cinco vasos a la mesa, cada uno lleno de un líquido distinto: zumo de naranja, zumo de limón, salsa de soja, nata, leche, vinagre u otras cosas similares. Colócate en el otro extremo de la mesa y, por turnos, como en un juego de lanzar fichas, apunta con una galleta a uno de los vasos. Cuando un jugador consigue encestar la galleta en el vaso, gana su galleta y se la tiene que comer. Ojalá no caiga en un ingrediente salado, ¡puaj!

Adivina sin ver

Véndale los ojos a uno de los jugadores y haz que adivine lo que toca. Acércale varios objetos o ingredientes.

Hola, ¿quién es?

Uno de los jugadores debe ponerse unos auriculares y escuchar música. Llama a un amigo por teléfono. El jugador con los auriculares tendrá que mantener la conversación sin oír nada de lo que dice el amigo. Los demás jugadores pueden ayudarlo haciendo mímica de lo que hay que decir, pero no deben intervenir en la conversación. ¡Es divertidísimo!

Maquillaje a ciegas

Puedes continuar con la dinámica de los ojos vendados, pero ahora en un taller de maquillaje. Una de las jugadoras maquillará a una de sus amigas con los ojos vendados. Importante: ¡tened cuidado con los ojos...!

Taller de maquillaje

Todavía no tienes edad para maquillarte a diario, pero en esta ocasión ¡sí puedes hacerlo!

Cada una a su estilo

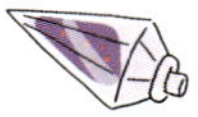

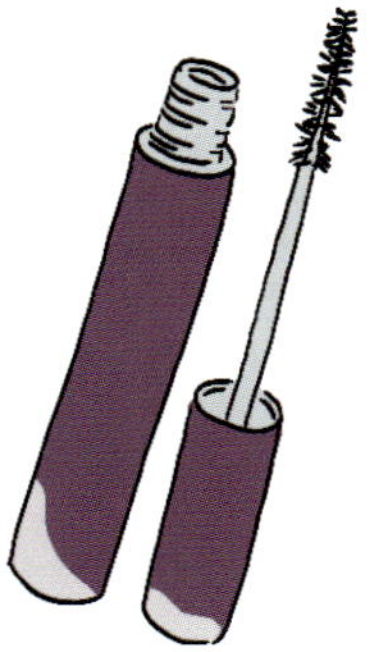

→ **Si eres rubia**, opta por mejillas rosadas y tonos pastel en los ojos o la boca.

→ **Si eres morena**, elige el *look total black,* o si prefieres llamar más la atención, usa rojo o rosa fucsia.

→ **Si eres pelirroja**, el dorado, el caqui y el amarillo son de rigor. Pero no los uses todos a la vez...

¡ATENCIÓN!
No debes saltarte la fase de desmaquillado aunque estés cansada. Por la noche, tu piel necesita respirar y tus ojos son sensibles, ¡así que cuídalos!

Demasiado no es mejor

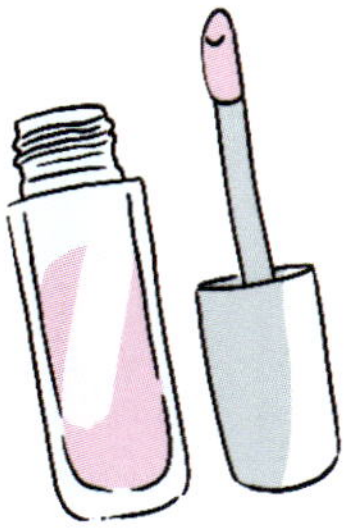

Para la noche, puedes recargar un poco el maquillaje, pero durante el día, si te permiten maquillarte de vez en cuando, ten en cuenta que no tiene sentido ponerse de más para tener un resultado bonito. Un poco de máscara de pestañas o sombra de ojos está bien, pero en la boca, elige un brillo ligero. Y si usas un labial más intenso, aplica maquillaje de ojos muy suave. Todo es cuestión de equilibrio.

Tatuajes de amistad

Necesitas:

- Un lápiz *kohl*

1 Busca mensajes o dibujos de amistad que se complementen con otra persona.

2 Con dos o más amigas, buscad el lugar ideal para dibujar un tatuaje efímero: dedos, brazo, pie...

3 Cuando juntéis vuestras extremidades, ¡se entenderá el mensaje completo! También puedes hacer el dibujo completo solo en ti.

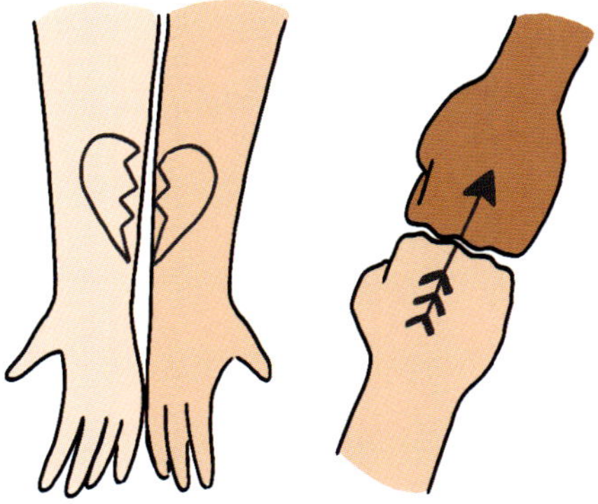

¿Verdad o reto?

«He aquí un juego perfecto para conocerse mejor y divertirse a lo grande.

¿Cómo se juega?

Los jugadores deben numerarse, siendo el 1 el jugador más joven. El número 1 le pide al jugador 2 que elija «verdad o reto», y que le dé un número entre 1 y 25. El jugador 1 lee la línea elegida para que el jugador 2 la ejecute. Los turnos irán conforme la numeración: el jugador 2 lee la orden al jugador 3, y así sucesivamente.

Retos

1. Intenta tocarte la nariz con la lengua.
2. Intenta poner una de tus piernas detrás de tu cabeza.
3. Haz tantas muecas como puedas en 30 segundos.
4. Canta tu canción favorita durante 1 minuto. ¿Es difícil? ¡Pon la música para inspirarte!
5. Salta alrededor de la habitación tres veces.
6. Camina por la habitación como un pato, cantando una canción infantil durante 1 minuto.
7. Deja que tus amigos te hagan cosquillas durante 30 segundos. Si te ríes, ¡pierdes!
8. Lee en voz alta el último mensaje que hayas recibido en tu móvil.
9. Haz una postura de yoga o inventa una y ponle nombre.

10. Cuenta un chiste e intenta hacer reír a los demás jugadores.

11. No parpadees durante 1 minuto.

12. Imita a alguien que todos conozcan y haz que los demás jugadores adivinen de quién se trata.

13. Intenta imitar el acento extranjero que elijas durante 10 segundos.

14. Pon música, haz *playback* y sé la estrella durante 1 minuto.

15. Elige a un jugador y dale un masaje durante 1 minuto.

16. Haz onomatopeyas de al menos diez animales diferentes en menos de 3 minutos.

17. Quítale un calcetín a un jugador, ¡sin usar las manos!

18. Deja que uno de los jugadores te cepille los dientes durante 1 minuto con pasta de dientes.

19. Come una onza de chocolate sin utilizar las manos.

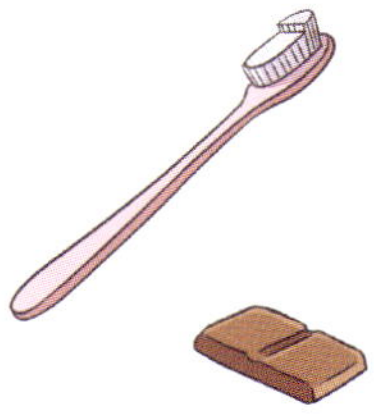

20. Píntate las uñas de las manos con rotulador.

21. Grita la primera palabra que se te ocurra.

22. Retén un sorbo de agua y trata de decir tu nombre.

23. Haz un dibujo sujetando el lápiz con la boca.

24. Deja que los demás jugadores te peinen a su gusto.

25. Haz *twerking* durante 1 minuto.

Verdad

1. Di el nombre de tu novio o de un chico que te gusta.
2. ¿Quién es tu peor enemigo?
3. Cuenta la vez que más vergüenza hayas pasado.
4. Cuenta tu mayor sueño secreto.
5. Si pudieras hacerte el regalo que quisieras, ¿cuál sería?

6. ¿Cuál de los jugadores aquí presentes se parece más a ti?
7. ¿Todavía tienes un peluche favorito? Si es así, descríbelo.
8. Si tuvieras un superpoder, ¿cuál sería?
9. ¡Imagina tu vida dentro de veinte años, ¿cómo sería?
10. ¿Cuándo fue la última vez que le mentiste a alguien y por qué?

11. ¿A qué chico de tu clase te gustaría besar? (¡Tienes que elegir a uno!)

12. Nombra el principal defecto de cada uno de los jugadores presentes.
13. Nombra la principal cualidad de cada jugador presente.

14. Háblanos de las mejores vacaciones de tu vida.

15. ¿Cuándo fue la última vez que lloraste? Cuéntanoslo.

16. ¿Cuál es el aspecto físico que menos te gusta de ti?

17. Cuéntanos tu mayor fobia o el susto de tu vida.

18. ¿Les has mentido alguna vez a tus padres y por qué?

19. ¿Cuál es el peor regalo que has recibido?

20. Cuéntanos tu último sueño o pesadilla.

21. ¿Qué es lo más asqueroso que has comido?

22. Si tuvieras que comer un solo alimento el resto de tu vida, ¿cuál sería?

23. ¿Cuál es la cosa más estúpida que has hecho?

24. ¿Qué nombre te pondrías si pudieras cambiarlo?

25. ¿Qué cosas te gustan aunque te dé vergüenza admitirlo?

TESTS & TIPS

¡Oh, no, hemos discutido!

Quien nunca se haya peleado con su mejor amiga, ¡que levante la mano!

¡Me pone de malas!

¿Sientes que te hierve la sangre? ¿Que tu amiga empieza a molestarte de verdad? Controla tu ira y respira hondo. No exageres, mantén la calma. Es normal que los amigos discutan. Aunque os queráis, puede haber desacuerdos. Aclarad la situación inmediatamente, juntas, para no acabar en un malentendido.

¿Sin rencores?

¿Quizá uno de los dos ha contado un secreto del otro, se ha reído o ha dicho cosas malas a sus espaldas? ¿Piensas que las cosas no tienen arreglo, que no hay vuelta atrás? Nada es irreparable si sabes reconocer tus errores y pedir perdón. Si el daño viene de un amigo y ves que no da el primer paso, asume tu responsabilidad y haz algo al respecto. ¡No te arrepentirás de haberle dado esa oportunidad!

¿La situación ha llegado demasiado lejos?

Hay personas tóxicas. Puede que no te hayas dado cuenta al principio, pero si esta amistad te está causando más dolor que felicidad y sientes que no eres tú misma cuando estás con esa persona, tienes el derecho (¡e incluso el deber!) de poner fin a su amistad. Hay mucha gente agradable en otros lugares, así que... ¡ellos se lo pierden!

Prometo, juro...

Una vez que hayáis hecho las paces, haced un pacto. Nunca volverá a ocurrir algo así y nada os separará. Con la cabeza despejada, una vez pasado el disgusto, intenta ver qué podrías haber hecho para evitarlo. Y, sobre todo, ¡hablad!

¡El tiempo lo dirá!

Quién sabe, quizá dentro de veinte años os daréis cuenta de lo afortunados que sois por haberos hecho amigos, recordaréis esta aventura ¡y os reiréis de ello! Vamos, es hora de hacer las paces.

RECETAS

Recetas de primavera

Los primeros rayos de sol te llenan de energía, color y diversión.

ALBONDIBOCADITOS

NECESITAS:

- hierbas frescas al gusto (cilantro, cebollino, perejil, etc.)
- queso fresco
- semillas de sésamo
- aceitunas, tomates cherry, uvas o pasitas
- palillos

1 Pica las hierbas frescas.

2 Forma bolitas de queso fresco y pasa la mitad de ellas sobre las hierbas frescas.

3 Rueda la otra mitad de las bolitas sobre las semillas.

4 Envuelve las aceitunas, los tomates cherry o las uvas con una capa gruesa de queso fresco para hacer nuevas bolas.

5 Pincha un palillo en cada bolita, ¡y listo, tenemos bocaditos frescos!

BAGELS DE SALMÓN

NECESITAS:

(para 4 personas)

- 4 panes *bagel*
- queso de untar
- cebollino
- 1 pepino
- 4 rebanadas de salmón ahumado
- hojas verdes para ensalada

1. Tuesta los *bagels* para que queden más crujientes.
2. Mezcla el queso y el cebollino picado en un tazón.
3. Utiliza un pelador de verduras para sacar tiras de pepino.
4. Corta cada loncha de salmón en tiras.
5. Unta de queso los *bagels*.
6. Añade el salmón, las tiras de pepino y 1 o 2 hojas de ensalada.

¡Listo para comer!

SI DECIDES HACER ESTA RECETA EN VERANO, ACOMPAÑA EL BAGEL CON UNA BUENA ENSALADA (VER LA PÁGINA 80).

JUEGOS DE ROL

Juegos con papel y lápiz

¡Es fácil! Para estos juegos solo hace falta una hoja de papel... ¡y un lápiz!

Basta

¿Quién no conoce este juego? Escoged los temas y escribidlos en las columnas. Un jugador debe recitar el alfabeto en su cabeza y otro lo interrumpirá cuando lo desee. El jugador deberá decir la letra en la que se detuvo. Enseguida debéis encontrar una palabra que comience con esa letra en cada una de las categorías.
El primero que consiga llenar todas las columnas dirá «basta» para detener a los demás.

Ahora contad los puntos:
2 puntos cuando ningún otro jugador haya puesto la misma palabra, 1 punto cuando es una palabra común, 0 puntos cuando la palabra no sea válida para los demás jugadores o no se haya escrito nada.

Cadáver exquisito

Toma una hoja de papel.
Por turnos, los jugadores escribirán una frase y doblarán la hoja para ocultar el texto. Al final, desdoblad la hoja y leed la historia. Podéis hacerlo también con un dibujo: el primer jugador dibuja la cabeza; el segundo, el torso, etc.
¡Diversión garantizada!

Ideas de temas para el juego:
Nombres de niña, de niño, países, ciudades, animales, frutas, verduras, objetos, árboles, flores, marcas de productos, famosos, palabras en inglés, colores, deportes, trabajos, verbos, etc.

¡Es una bolita!

Haced tantas bolas de papel (del tamaño de una pelota de tenis) como número de jugadores haya. Determinad el punto de salida frente a un muro. El objetivo del juego es lanzar la bolita y acercarse lo más que se pueda al muro sin tocarlo.

Alma poética

En vertical y con bonitas letras mayúsculas, escribe cada una de las letras de tu nombre. ¡Entre todos, definid las cualidades de los amigos presentes!

Totalmente *cool*
Inteligente
Número 1 en bromas
Adorable

Crucigrama

¡Vais a cruzar palabras entre todos! Para ello, encontrad una palabra suficientemente larga para comenzar, como, por ejemplo, «aniversario». Por turnos, los jugadores deberán agregar una palabra vertical u horizontalmente para completar el crucigrama. ¡Perderá el primero que no logré encontrar una palabra!

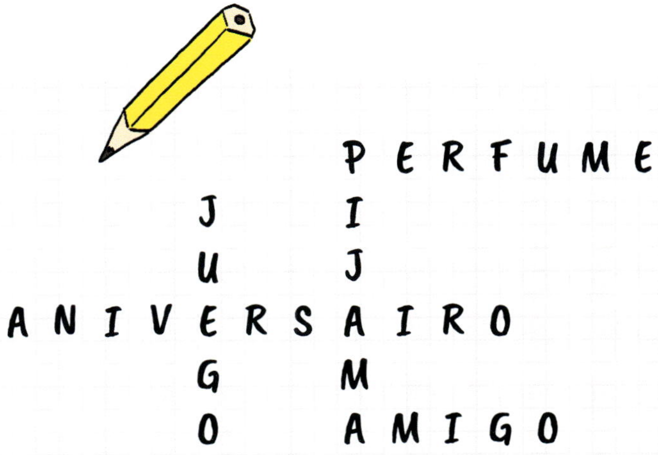

TESTS & TIPS

¿Sabes guardar un secreto?

La amistad también es saber cómo contener tu lengua, aunque esto no siempre es fácil.

1 Se organiza una fiesta sorpresa para el cumpleaños de tu hermana...

A Tus padres no te han dicho nada hasta el último momento por miedo a que hagas alguna tontería.

B Le das algunas pistas pero sin revelarle nada.

C Lo supiste desde el principio... ¡Y no dirás nada!

2 Te enteras de que Lisa, tu peor enemiga, está enamorada de Justin...

A Se lo dices a toda la clase a los dos minutos.

B Se lo cuentas a tus mejores amigas.

C No dices nada. No te agrada Lisa y no te interesa su vida.

3 De estos tres poderes mágicos, ¿cuál preferirías tener?

A Leer el pensamiento.

B Poder volar.

C Volverte invisible.

4 Ups, tu mejor amiga ha olvidado su diario en tu casa...

A Te acomodas en tu cama y lo lees como si fuera una apasionada novela.

B Lo hojeas rápidamente. ¡De todas formas lo conoces todo sobre ella!

C Se lo devuelves al día siguiente sin abrirlo.

5 En general, cuando te confiesan algo...

A Lo cuentas inmediatamente.

B Intentas guardar el secreto, ¡aunque eso no es nada fácil!

C ¡En boca cerrada no entran moscas!

6 Tu mejor amiga cuenta un secreto que le habías revelado...

A Te molesta, pero piensas que son cosas que pasan.

B Le gritas hasta que se disculpe.

C Le haces el vacío.

7 En tu libro de evaluación, ¿qué opinión hay más posibilidades de encontrar?

A ¡Habla demasiado!

B Estudiante seria y motivada.

C Estudiante demasiado discreta.

Si tienes mayoría de A
Eres mala guardando secretos.

Cuando alguien te confiesa algo, escuchas atentamente porque adoras los chismes o dar tu opinión para ayudar a tomar una decisión. El problema es que no sabes guardarte ninguna información. ¡No lo haces a propósito, pero lo que llega a tus oídos suele salir por tu boca al poco tiempo! Aprende a morderte la lengua siete veces antes de revelar cosas importantes. ¡Corres el riesgo de perder una hermosa amistad!

Si tienes mayoría de B
Puedes ser capaz de guardar un secreto...

... si consideras que vale la pena no revelarlo. ¡Y ahí está el problema! Lo que a ti te parece inofensivo puede ser muy importante para la otra persona. Es verdad que, si escuchaste algo delicado o importante, sabrás callarte. Pero si es un secretito sin importancia, no puedes evitar comentarlo con otras amigas. Normalmente, esa es una de tus buenas intenciones: intentas resolver el problema, y por ello buscas consejo. ¡Pero ten cuidado, eso podría perjudicarte!

Si tienes mayoría de C
Guardar secretos es pan comido para ti.

¡Definitivamente tú sí puedes guardarte lo que te confían! Para ti es normal mantenerte en silencio, eso se llama *confianza*. Podemos decir que, si te contamos un secreto, dormiremos tranquilos. Eres una tumba. El problema es que la gente tiende a confiar demasiado en ti y, a veces, los secretos pueden pesar mucho...

¡Retos gastronómicos!

¿Estáis listas para nuevos desafíos? ¡Deberéis uniros para superar estos retos con éxito!

Top chef

Elegid a la cocinera del día. El objetivo del juego es que la chef haga un pastel (o alguna receta sencilla) con los ojos vendados. Por supuesto, tus amigas estarán ahí para guiarte. Preparad todos los ingredientes y los utensilios sobre la mesa de trabajo, después vendadle los ojos a la cocinera. Poned un tazón delante de ella y comenzad a guiarla: «vierte la harina», «agrega un huevo», «mezcla», etc. Parece simple, pero en realidad ¡es demasiado complicado y demasiado divertido!

¡Mi boca va a reventar!

Haced una competición para ver quién es capaz de meterse más bombones en la boca. También podéis cronometrar para saber quién puede comer la mayor cantidad posible en 30 segundos. ¡Masticad bien para no atragantaros! ¡Cuidado con la indigestión!

HAZLO TÚ MISMA

Pompones coloridos de pared

Se dice que las paredes oyen porque escuchan nuestros secretos. ¡Y también se pueden decorar con esta guirnalda de pompones!

NECESITAS:

- un pedazo de cartón de 6 x 8 cm aprox.
- una rama de 1 m de largo aprox.
- tijeras
- un cordón
- lana de diferentes colores

Para hacer los siete pompones puedes escoger un solo color de lana o diferentes... ¡Todo vale! Toma una bola de lana y envuélvela sobre el lado más corto del cartón. Dale treinta vueltas o más, según el tamaño del pompón que desees obtener.

Cuando hayas terminado las vueltas, corta un pedazo de 10 cm de cordón y deslízalo bajo el manojo de lana. Haz un nudo para agruparlo todo.

Corta las hebras del lado opuesto al nudo para liberar el pompón.

Haz un nudo con una hebra de lana para formar la cabeza del pompón y darle una forma más bonita. Dale varias vueltas.

Iguala las hebras de lana sobre la base. ¡Ya tienes tu primer pompón!

Repite la operación seis veces. Puedes cambiar el color o no.

Corta siete pedazos de cordón de 60 cm y cuelga cada pompón de un extremo.

Ata la otra punta del cordón a la rama intentando respetar el mismo espacio entre los cordones.

Enreda un cordón de 1 m aprox. a los dos extremos de la rama para poder colgar tu decoración.

RECETAS

Recetas de verano

¡Cuando hace calor, el clima es ideal! ¿Qué delicias habrá en el menú de hoy?

Aperitivo refrescante

Necesitas:

- palitos para brocheta
- frutas veraniegas: higos, melocotones, frambuesas, melón, etc.
- queso: manchego, bolas de *mozzarella,* etc.
- panecillos

1 Coloca en cada palito de brocheta trozos de fruta y trozos de queso. Puedes intentar combinaciones raras, como higo-manchego, melón-*mozzarella,* melocotón-queso feta.

2 Clava las brochetas en el pan, ¡y a disfrutar!

Ensalada de tomates

Necesitas:

(para 4 personas)

- 4 tomates pequeños
- flor de sal
- aceite de oliva
- albahaca

1 Corta los tomates en rodajas finas.

2 Pon las rodajas de tomate en cada plato.

3 Agrega la sal de mar y el aceite de oliva.

4 Pica la albahaca y ponla sobre los tomates.

Tostas

Necesitas:

(para 4 personas)

- 500 g de tomatitos cherry
- 2 cucharadas grandes de aceite de oliva
- hierbas provenzales
- 1 bloque de queso feta
- 4 rebanadas de pan artesanal
- 4 lonchas de jamón serrano
- 4 hojas de albahaca

1. Precalienta el horno a 180 °C.
2. Coloca los tomatitos cherry limpios en una fuente apta para horno.
3. Agrega el aceite de oliva y las hierbas provenzales.

4. Pon el bloque de feta sobre los tomatitos cherry.
5. Hornea durante 30 minutos.
6. Saca la fuente del horno y coloca en cada pan tostado la preparación de tomatitos-feta.
7. Agrega las lonchas de jamón serrano y 1 hoja de albahaca para decorar.

¡Disfruta!

Brochetas de nubes

Necesitas:

- 1/2 sandía
- palitos para brochetas
- nubes grandes

1. Corta la sandía en dos y coloca el lado plano sobre un plato.
2. Haz las brochetas clavando nubes de diferentes colores.
3. Clava las brochetas en la sandía.

¡Ahora tienes una bella presentación para tus brochetas, que también es comestible!

Una piel casi perfecta

Cuando se es bella por dentro, también se es bella por fuera. Sí, pero a veces cuidarte te levanta el ánimo, ¡y qué mejor que hacerlo con tus amigas!

Una piel de melocotón

No solo existen las cremas para tener una piel bella y sentirse en forma. Beber agua es una de las mejores maneras de que nuestra piel esté correctamente hidratada.

Un largo sueño para la piel

Para tener la tez fresca y la piel luminosa, se necesita... *re-po-sar*. ¡Nueve horas de sueño por noche como mínimo, señorita! Para una piel hermosa, es necesario tener una dieta equilibrada y no saltarse el desayuno.
¡Y claro, lo que comemos tiene un efecto directo sobre nuestro rostro!

Mascarilla exprés

¿Te has quedado sin mascarillas?
¡No hay problema! Consigue un yogur natural de leche entera y aplícatelo sobre tu cara durante 10 minutos. ¡Frescura garantizada!

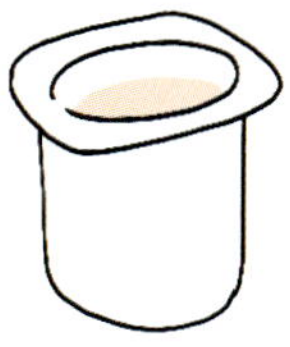

Mascarilla belleza

Aplasta un plátano y extiende la pasta obtenida sobre tu cara. Déjatela puesta durante 10 minutos.

Mascarilla luminosidad

Mezcla 2 fresas aplastadas y 1 cucharada pequeña de jugo de limón. Aplícate la mezcla y déjatela durante 10 minutos.

Bálsamo labial

Mezcla 1 cucharada grande de aceite de coco, 1 cucharada pequeña de aceite vegetal (oliva, girasol o semillas de uva) y 1 pizca de fécula de maíz. Vierte la preparación obtenida en un frasco pequeño de cristal con tapa. ¡Listo! ¡Ya tienes un superbálsamo labial para llevar a todos lados y evitar las grietas en invierno!

Masaje facial

Improvisa una terapia para tu piel. Comienza por masajear suavemente el contorno de la cara y recorre tu rostro comenzando en el centro y estirando hacia el exterior. ¡Relajación asegurada!

¡Desafíos loquísimos!

Continuamos con los retos: ¡risas y diversión garantizadas!

El juego de las cuatro sillas

Se necesitan cuatro personas para llevar a cabo este reto. Colocad cuatro sillas como en el dibujo y sentaos. Cada uno se tumba poniendo la cabeza sobre las rodillas de la persona sentada detrás. Cuando todos encontréis el equilibrio, pedidle a un adulto que quite las sillas una por una. Contraed los abdominales e intentad mantener el equilibrio el mayor tiempo posible, ¡antes de desplomaros a carcajadas!

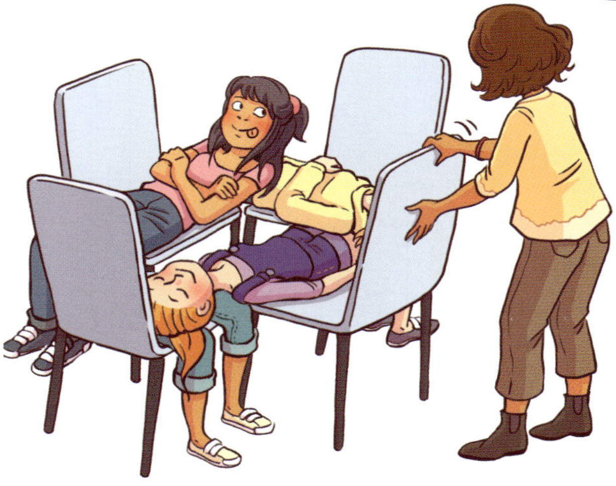

Retratos efímeros

Coged un plato transparente y un rotulador que pueda borrarse. Escoged a vuestro conejillo de indias, quien deberá sostener el plato frente a su rostro mientras dibujáis sus ojos, sus cejas, su nariz, su boca, etc. ¡Tomad fotos y votad por el más gracioso!

Teléfono descompuesto

¿Conoces el juego del teléfono descompuesto, en el que susurras algo al oído de tu vecino, este se lo repite al suyo, y así sucesivamente hasta que llega a la última persona y se revela el mensaje? Este juego sigue el mismo principio. Necesitaréis una hoja de papel y un lápiz por persona. Colocaos en fila india y poned vuestra hoja sobre la espalda de la persona que tengáis enfrente. Quien se encuentre al final de la fila deberá dibujar una forma simple (o una letra, o una palabra) sobre la espalda de la persona que esté enfrente. Esta deberá reproducir aquello que crea que se ha dibujado en su espalda, y así sucesivamente hasta llegar a la última persona. ¡Descubrid en grupo la evolución del dibujo!

¡No soy yo!

Tomad un folio y un lápiz. Vendaos los ojos o cerradlos. Cada uno deberá dibujar su autorretrato. Cuando hayáis acabado, ¡abrid los ojos y contemplad vuestra obra maestra!

RECETAS

Recetas de otoño

El otoño puede ser más divertido si tenemos actividades para compartir con la familia. ¡Aquí tenéis dos recetas muy deliciosas!

Salchiguetis

Necesitas:

(para 4 personas)

- → 18 salchichas
- → 600 g de espaguetis

1 Pon a hervir agua con sal en una cacerola.

2 Corta cada salchicha en cinco trozos.

3 Clava varios trozos de espagueti en cada trozo de salchicha.

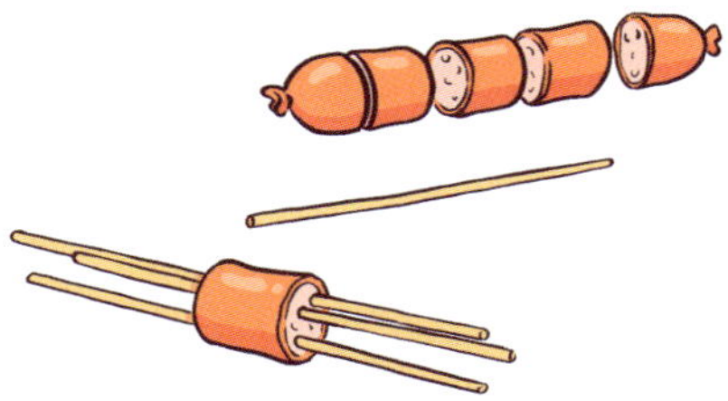

4 Sumerge los salchiguetis en el agua y déjalos hervir el tiempo sugerido en el envase de la pasta.

Salchichas melenudas, ¡qué idea más graciosa!

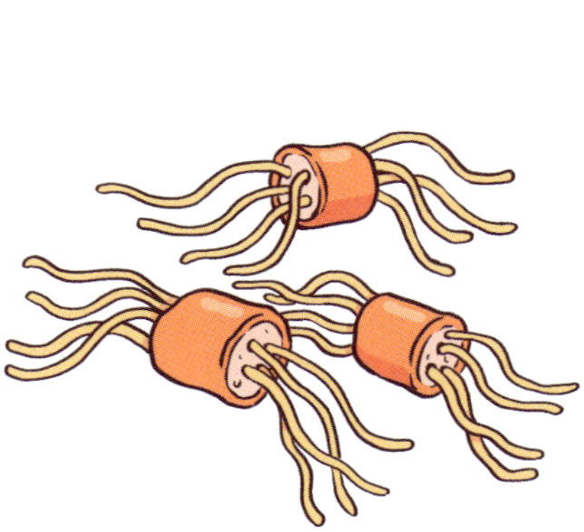

Fantasmitas de pan

Necesitas:

(para 4 personas)

- → 1 masa de hojaldre
- → 1 huevo
- → 80 g de azúcar glas
- → 2 onzas de chocolate amargo

1 Precalienta el horno a 180 °C.

2 Corta la masa de hojaldre en tiras (1 x 15 cm aprox.).

3 Casca el huevo en un tazón y bátelo.

4 Con un pincel de repostería, unta de huevo toda la superficie de la masa.

5 Retuerce las tiras de masa.

6 Coloca las tiras en una bandeja para hornear y mételas al horno durante 15 minutos.

7 Cuando pasen los 15 minutos, saca los palitos de pan y déjalos enfriar fuera del horno.

8 En un tazón, prepara el glaseado mezclando el azúcar glas con una cucharada sopera de agua. Ajusta la cantidad de agua para obtener una pasta blanda, pero no muy líquida.

9 Remoja la punta de tus palitos de pan en el glaseado y deja secar.

10 En el microondas, derrite el chocolate durante unos segundos.

11 Dibuja unos ojos y una boca de chocolate sobre el glaseado con la ayuda de un pincel pequeño.

PUEDES REMOJAR LOS PALITOS EN MERMELADA, ¡ÑAM!, ¡UNA DELICIA!

JUEGOS DE ROL

¡Juegos y actividades para todos!

¿Quién dijo que las fiestas de pijamas eran solo para niñas? Cuenta también con los niños para divertiros juntos.

¡Adivina, adivinador!

Cada jugador escribe secretamente el nombre de un personaje o de un animal (ya sea real o imaginario) en un pósit y lo pega en la frente de su vecino. También puedes recortar fotografías de celebridades antes de que lleguen tus amigos y pegarlas después en su espalda. Por turnos, los jugadores harán preguntas para descubrir su identidad. Ejemplo: «¿Soy un personaje imaginario?». Los demás solo podrán responder «sí» o «no». El primero en adivinar quién es, ¡gana!

¡Cosquillas!

Con el dedo, escribe una palabra o dibuja un objeto en la espalda de tu amigo, quien deberá adivinar qué es.

¡Sorpresa!

Solo o con ayuda de tus padres, llena varios tazones de cosas (puede ser pasta cocida, gel, algodón mojado, hojas secas, queso crema, etc.). Venda los ojos de tus invitados y ve pasando los tazones. Cada uno debe adivinar su contenido. Anota las respuestas y compáralas al final para saber quién ha ganado.

Prueba a ciegas

¡Por turnos, jugad al DJ! Poned una ***playlist*** musical y el primero en adivinar la canción que suena gana 1 punto. Si el que ha acertado puede cantar las siguientes tres frases de la letra, gana 1 punto extra. Contad los puntos una vez que haya pasado el tiempo que acordasteis al inicio.

¡Cuéntamelo todo!

Necesitáis bolis, papelitos y un sombrero. Escribid en los papeles muchas preguntas intensas. Dobladlos y metedlos en el sombrero. El primer jugador coge un papel y le lee la pregunta al jugador sentado a su izquierda, que será el segundo jugador. Este podrá responder diciendo la verdad o diciendo cualquier cosa (esta primera respuesta no tiene importancia). Aquí se complica la cosa. El segundo jugador le lee una pregunta al jugador sentado a su izquierda, el tercer jugador, quien deberá responder ya no a la pregunta que le acaban de hacer, sino a la anterior, la leída por el primer jugador. En lo sucesivo, todos deberán responder a la pregunta anterior. Al jugador que se equivoque o que haya olvidado la pregunta le toca... ¡un castigo!

Sin pies ni cabeza

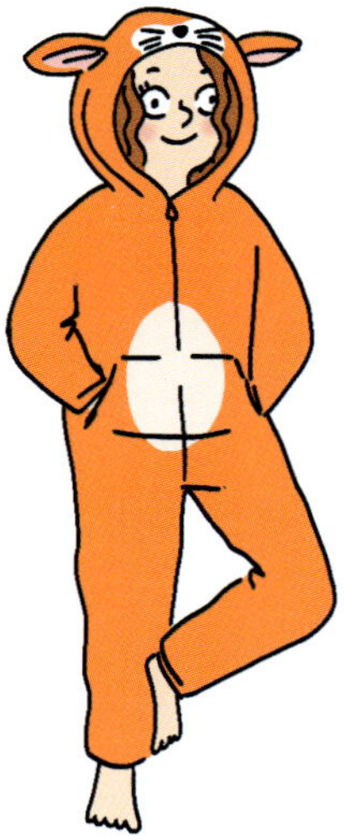

Elegid a un director de orquesta. Él dará las órdenes, ¡pero los demás deberán hacer lo contrario de lo que les pida! Si ordena «moveros en todas direcciones», los demás deberán quedarse quietos. Si dice «levantad las manos», los demás deberán bajarlas, etc. El director de orquesta debe dar las órdenes lo más rápido posible para mayor diversión. ¡Difícil no perder la cabeza! Aquel que se equivoque se convertirá, a su vez, en director de orquesta.

Pareja explosiva

Necesitaréis un globo de látex inflado por cada dos jugadores. Poneos por parejas, espalda con espalda, y colocad el globo entre vosotros. Con música de fondo, deberéis bailar la canción sin que se caiga el globo. La pareja que sostenga el globo más tiempo gana la partida.

El mundo al revés

Necesitáis un delineador negro y un móvil para guardar las fotos de este momento memorable. Acuesta a uno de tus amigos y dibuja en su barbilla dos ojos, una nariz y un par de cejas. Pídele que haga diferentes caras: sonriente, con la lengua fuera, muy serio..., y toma fotos únicamente de su barbilla y su boca. ¡Verás muecas supergraciosas!

HAZLO TÚ MISMA

Diseñad vuestras joyas de la amistad

¡Haced pequeños amuletos para mostrar a los demás que pensáis en ellos!

YIN Y YANG

NECESITAS:

(para dos collares)

- un folio
- plastilina para modelar, blanca y negra
- un cuchillo
- dos cordones
- una hoja de papel de calca
- un lápiz
- una pajita

Calca los símbolos del yin y el yang en un folio.

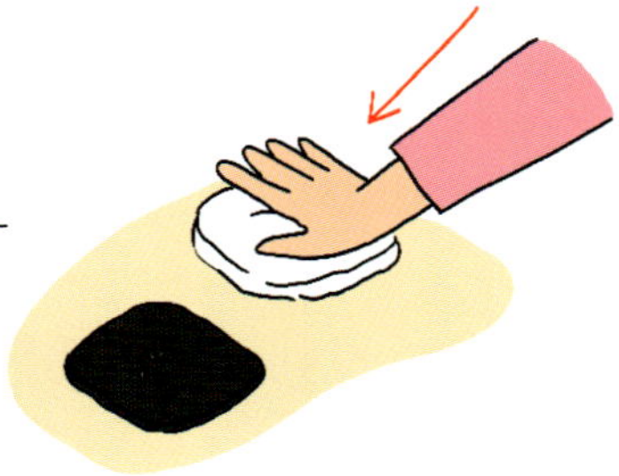

Aplana las plastilinas.

Coloca el folio calcado en la plastilina blanca y forma el yang cortando la masa con un cuchillo. Haz lo mismo con la masa negra para formar el yin.

Haz dos pequeños círculos, uno blanco y otro negro, y pégalos en el yin y el yang.

Haz dos agujeros con ayuda de la pajita para pasar el cordón.

Mete las figuras en el horno siguiendo las instrucciones del envase de la masa para modelar.

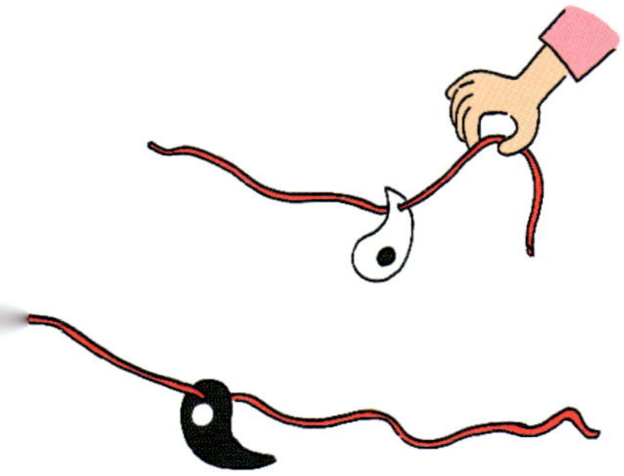

Saca las formas del horno y, cuando se hayan enfriado, pasa los cordones por los agujeros y haz un nudo en cada extremo de la figura para que no se voltee.

¡Quédate con uno de los collares y dale el otro a tu mejor amiga!

PULSERA DE LA AMISTAD

Si no tienes tiempo, simplemente toma tres hilos de algodón o de lana y trénzalos. ¡Átate la pulsera en la muñeca y pide un deseo! ¡Este se cumplirá cuando la pulsera se caiga por sí sola!

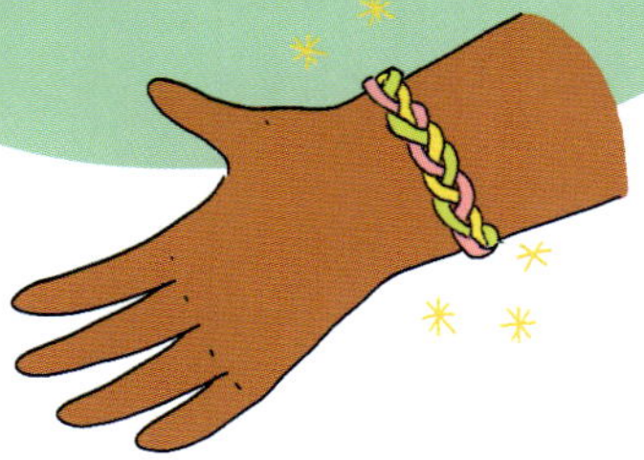

BRAZALETE MULTICOLOR

NECESITAS:

- → tres pajitas de cartón
- → hilos de lana de cinco colores diferentes
- → tijeras
- → cinta adhesiva

Separa tres hilos de 50 cm e insértalos en las pajitas. Si la lana es demasiado flexible, puedes mojarla para meterla con mayor facilidad.

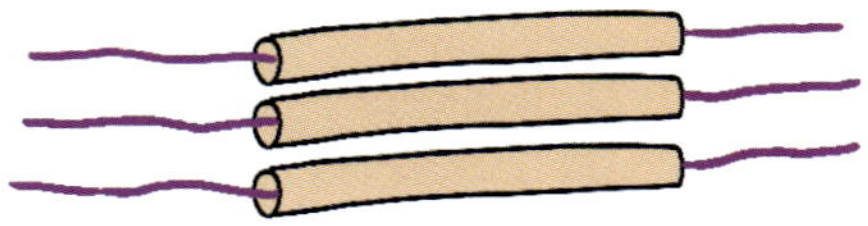

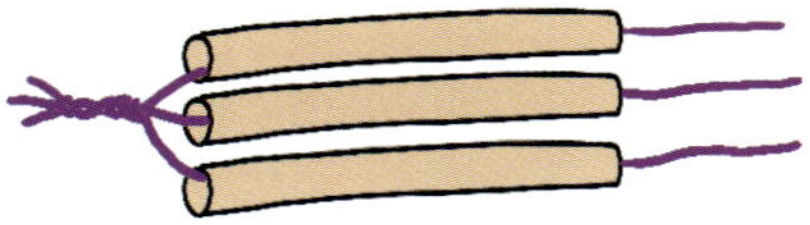

Deja que los hilos salgan por el otro extremo de la pajita. En uno de los extremos, trenza los hilos y haz un nudo para evitar que se salgan.

Pega ese extremo en la mesa con cinta adhesiva.

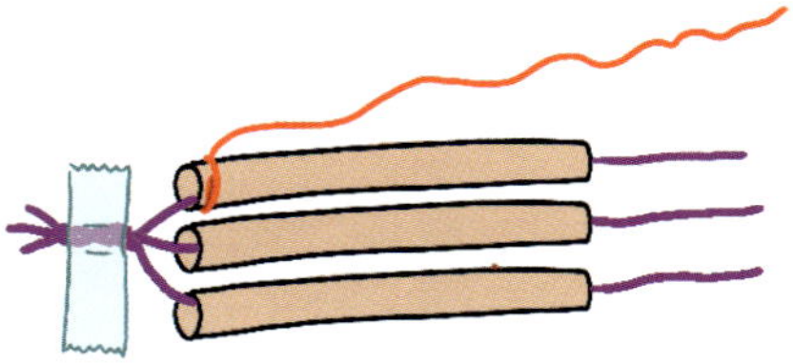

Toma un hilo y átalo al inicio del brazalete en el exterior de una de las pajitas.

Comienza el tejido pasando por debajo de la pajita de la izquierda y sobre la pajita de en medio, por debajo de la de la derecha y así sucesivamente. Continúa con el mismo color 3 cm. Haz un nudo para terminar con ese primer color.

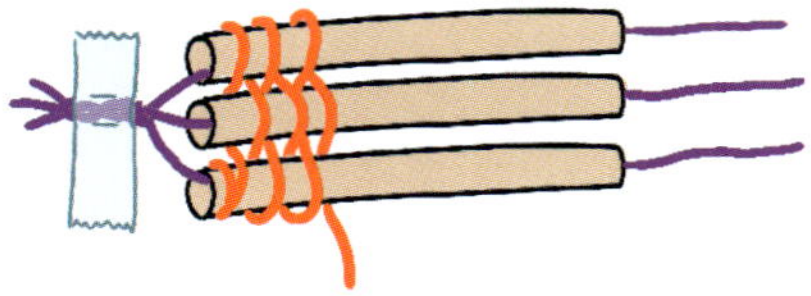

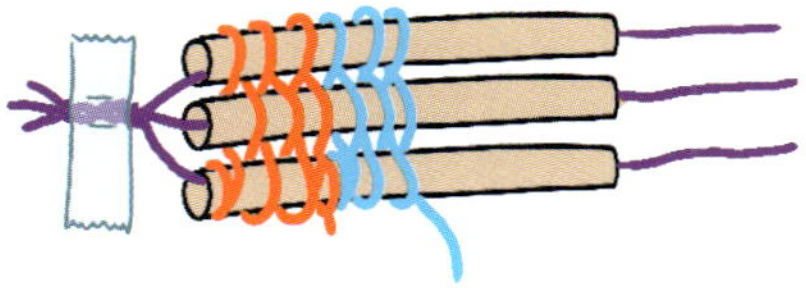

Toma otro hilo de un color diferente y átalo arriba del primer color en el exterior de una de las pajitas. Reanuda el tejido repitiendo el procedimiento.

Haz lo mismo con los otros dos colores.

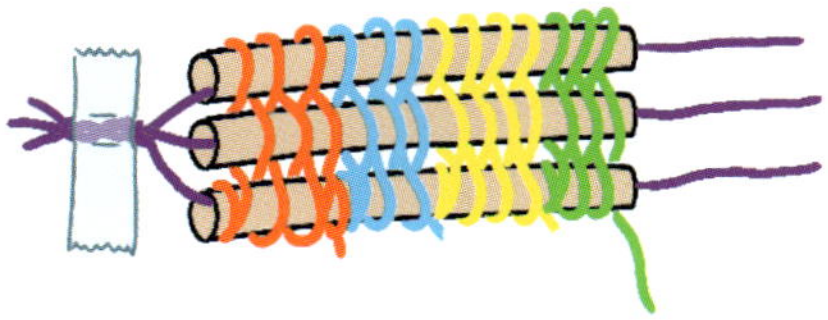

Cuando el largo de tu brazalete coincida con el tamaño de tu muñeca, aprieta el tejido y quita las pajitas.

En el extremo que no esté trenzado, trenza los tres hilos y haz un nudo con el otro extremo para cerrarla.

100% TEMÁTICOS

TARDE 100 % DE CINE

Delante o detrás de la cámara, ¡he aquí una fiesta para los fanáticos de la pequeña y la gran pantalla!

Tarjeta de invitación

Necesitas:

- papel de calco
- cartulina blanca
- tijeras
- rotuladores o pinturas

1 Calca la invitación de la página 125 sobre la cartulina.

2 Recorta siguiendo la forma y decórala con los rotuladores o con la pintura.

3 Deja secar y escribe tu invitación en el reverso tomando como ejemplo la página 8.

Lugar cómodo

Instalaros cómodamente y poned la película, ¡cada uno con su porción de palomitas!

¡Hora de actuar!

¿Y si recreáis una escena de la película que acabáis de ver? Esta vez, ¡seréis vosotras las actrices! Determinad el papel de cada una, ensayad y ¡filmaos! También podéis divertiros inventando vuestras propias escenas.

Palomitas

¡NECESITÁIS LA SUPERVISIÓN DE UN ADULTO!

Necesitas:

(para 4 personas)

- 2 cucharadas soperas de aceite de girasol
- 100 g de maíz
- sal o azúcar

1. Pon el aceite en una cacerola.
2. Cuando el aceite esté caliente (¡mucho cuidado, porque quema!), agrega los granos de maíz.
3. Coloca la tapadera hasta que los granos estallen. Puedes agitar un poco la cacerola para ayudarlos a estallar.
4. ¡Agrega la sal o el azúcar según tus gustos!

OPCIONES

Puedes reemplazar el aceite por 15 g de mantequilla + 3 cucharadas grandes de azúcar para hacer caramelo. ¡Qué delicia!

Pelea de almohadas

Una vez que la película haya terminado, preparad la habitación: quitad los cuadros de las paredes, echad a un lado los objetos frágiles y las lámparas. Equipaos con almohadas, peluches, cojines, ¡y comenzad una pelea de almohadas! Y después... ¡todo el mundo a dormir!

RECETAS Recetas de invierno

¡Brrrr! ¡Está helando fuera! ¿Y si calentamos nuestro cuerpo y nuestro corazón?

Un chocolatito

Necesitas:

(para 2 personas)

- → 1/2 litro de leche
- → 8 onzas de chocolate negro
- → nata
- → nubes mini

1 Calienta la leche a fuego lento en una cacerola. Cuando comience a hervir, agrega las onzas de chocolate.

2 Mezcla para que el chocolate se disuelva y retira la cacerola del fuego.

3 Vierte la preparación en dos tazas, agrega la nata y coloca las nubes encima.

Croquetas de queso

Necesitas:

(para 4 personas)

- 200 g de queso *brie*
- 2 huevos
- 3 cucharadas soperas de harina
- 3 cucharadas soperas de pan rallado
- aceite

1 Corta el queso *brie* en pequeños trozos e intenta hacer bolitas más o menos redondas. Puedes quitar la corteza o conservarla, según tus gustos.

2 En un tazón, bate los huevos con un tenedor.

3 Rueda cada bolita de queso sobre la harina, después sobre los huevos, y finalmente sobre el pan rallado.

4 Vierte el aceite en una sartén caliente y fríe las croquetas durante 5 minutos o hasta que estén bastante doradas.

ACOMPAÑA LAS CROQUETAS CON UNA ENSALADA VERDE, COMO LA DE ENDIBIAS, MANZANA Y NUEZ. ¡MMM! ¡DELICIOSAS!

A la moda

Seguramente alguna vez habrás dicho la frase «¡No tengo nada que ponerme!». No obstante, tu armario está lleno de cosas maravillosas.

Estilo único

A tu edad es bastante frecuente no tener un estilo definido. Este se construye conforme uno crece. Con la ayuda de tus amigas, establece qué ropa te hace resaltar y qué ropa te hace sentir bien. Pídeles su opinión más sincera. Si son tus verdaderas amigas, sabrán guiarte y te dirán la verdad. ¡Es así como vas a crear tu nuevo estilo!

Pasarela

Divertíos desfilando delante de todas las amigas. Escoged un tema, como el peinado más alocado, colorido, ecológico, *flower power*... Por turnos, desfilad delante de las demás y tomad fotos. Al final, elegid a la que haya respetado mejor el tema.

¡Desafíos!

Preparad un desafío para el próximo día de escuela. Tampoco se debe exagerar, debe ser algo que os permita pasar desapercibidas. Aquí tenéis algunas ideas: llevar al menos tres accesorios para el cabello, llevar calcetines desparejados, ponerse un gorro a la moda, usar ropa de sus madres o sus hermanos o hermanas, usar un solo color de ropa, llevar al menos dos prendas de segunda mano, etc.

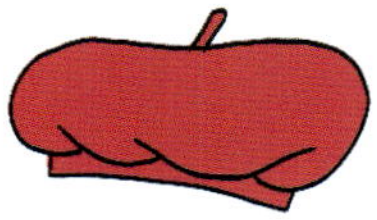

Intercambio de ropa

Seguramente no eres la única de tus amigas en pensar que nada le queda bien, que te vistes siempre igual o tal vez que simplemente necesitas ordenar tus cosas. Entonces, ¿por qué no les pides a tus amigas reuniros en tu casa y llevar cinco o seis prendas que ya no os pongáis? Ponedlas sobre tu cama y decidid (siempre podéis votar...) qué prenda le sienta mejor a cada una. ¡Ya tenéis todas ropa nueva y habéis evitado el desperdicio y el sobreconsumo!

TESTS & TIPS

Ser la mejor con tus amigas

¡Ser parte de un grupo de amigas puede resultar un trabajo a tiempo completo!

Disponibilidad total

Cuando tus amigas te necesiten, debes estar disponible, incluso si tenías planeado ir de compras o al cine. Si ellas piden auxilio, debes acudir... ¡Como una superheroína! Aunque claro, día a día y con el paso del tiempo, esto se vuelve más difícil, ¡pero haz un esfuerzo y tus amigas te lo devolverán! Imagina que tú te sientes un poco mal, ¿te gustaría que ellas estuvieran ahí o no? Ahora ponte en los zapatos de las demás para aprender cómo actuar. Desde luego, esto no implica olvidarte de ti misma, ¡nunca dejes de pensar en ti!

Respeto mutuo

Os adoráis, pero sois muy diferentes. ¡Y eso está bien! Significa que sois un gran ejemplo de tolerancia. Es importante saber respetar los gustos y los pensamientos de los demás. Imponer nuestras decisiones o nuestra voluntad nunca lleva a nada bueno. La amistad significa también el intercambio de ideas.

Cero envidia

Intenta no compararte con las demás. Claro que siempre es más fácil decirlo que hacerlo, ¡pero no debes sentirte insegura! Tú no estás por debajo de las otras chicas del grupo, y mucho menos por encima de ellas; sencillamente, sois diferentes, ¡y eso es increíble! Cuando algo bueno le pasa a una de tus amigas, debes alegrarte, porque una actitud positiva atrae cosas positivas. ¡Ser una persona insegura o pesimista puede volverte triste o gruñona! ¡Nadie desea eso!

Los detalles importan

Recuerda sus cumpleaños, prepárales alguna comida deliciosa cuando vayan a tu casa, avísalas cuando su cantante favorito salga en la televisión…
¡No dejes pasar las oportunidades de mostrarles a tus amigas lo mucho que te importan!

TESTS & TIPS

Gestiona tu amistad con tu BFF*

Os enviáis más de 150 mensajes al día, os llamáis «amor», sois todo la una para la otra…

Amistad incomparable

A veces tenemos la suerte de encontrarnos con una persona con la que nos comprendemos mutuamente y estamos en la misma onda. Podemos decir lo que sea sin temor a ser juzgadas. Las amistades que surgen así son, sin ninguna duda, un regalo maravilloso. ¡Es una relación exclusiva que nada ni nadie puede atravesar! Piensa en acercarte también a otros, hay muchísimas personas increíbles a tu alrededor.

¡No estoy de acuerdo!

Puede pasar que no estéis de acuerdo sobre alguna cosa, quizá un juego, una actividad, una amiga en común a quien frecuentáis… ¡No os preocupéis si vuestras opiniones no coinciden! Lo importante es saber expresar lo que sentís de manera objetiva y amigable. No es necesario tener una opinión absoluta de todo. Escucha lo que tu amiga tiene que decir y exprésale tus emociones. Siempre se puede terminar una conversación con un «No estoy de acuerdo, ¡pero no hay problema!».

* *Best friends forever:* Mejores amigas para siempre

¡Las vacaciones parecen eternas!

Dos meses sin veros pueden parecer insoportables cuando habéis pasado todo un año sin separaros. Encuentra la manera de mostrarle que piensas en ella siempre: una postal, una foto de un recuerdo de ambas, un pequeño regalo que lleves en tu maleta... ¡Y fijad una fecha al regresar para reencontraros pronto y contároslo absolutamente todo. ¿No os parece una tarde increíble?

¡¿Se va a mudar?!

¿Quién dijo «ojos que no ven, corazón que no siente»? ¿Es siempre verdad? Esta es realmente una situación complicada. ¡Pero sin duda lograrás superarla! Antes de separaros, conservad bien vuestros recuerdos: unas palabras en el cuaderno de amigas, una foto con dedicatoria... ¿Y por qué no regalarle algo para animarla en esta nueva aventura? Sin duda encontraréis una manera de volveros a ver (¡cuando se quiere, se puede!), y los dispositivos digitales os permitirán permanecer en contacto.

HAZLO TÚ MISMA

Tote bags de la amistad

¡Mañana no podréis salir sin vuestra nueva bolsa, que será chulísima, a la moda y totalmente personalizada! ¡La envidia de todos!

TIENES UN NUEVO MENSAJE

NECESITAS:

- una *tote bag* blanca y sin estampado
- un cartón
- rotuladores indelebles

Desliza el cartón dentro de la bolsa para que los rotuladores no manchen la parte trasera de la misma.

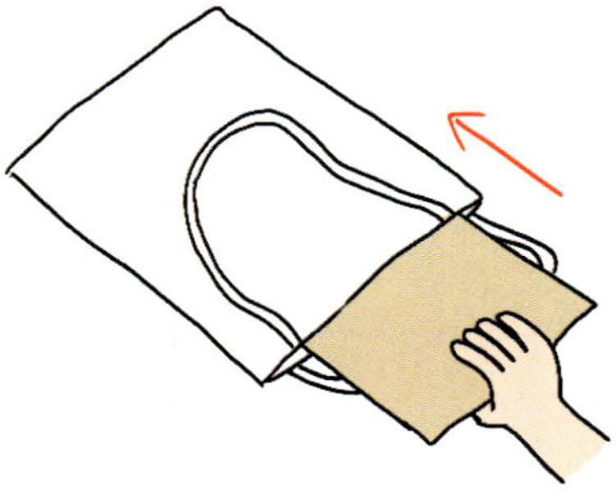

Dibuja o escribe lo que te apetezca. ¡Lo importante es que represente a la perfección vuestra tarde juntas o vuestra amistad!

UNA DEDICATORIA ESPECIAL

¡Puedes pedirle a cada una de tus amigas que te escriba algún halago!

AUTÓGRAFOS

NECESITAS:

- una *tote bag* blanca y sin estampado
- un bolígrafo
- hilos de varios colores y una aguja

Pide a tus amigas que escriban su nombre en la bolsa.

Borda con puntada de tallo sobre los nombres.

PUNTADA DE TALLO

En el reverso de los nombres, por el interior de la bolsa, escoge un punto y mete la aguja para comenzar. Saca la aguja por el otro lado de la bolsa. Ahora atraviesa unos milímetros más lejos sobre la misma marca del rotulador. Haz salir la aguja de nuevo por el primer agujero. Atraviesa de nuevo unos milímetros más lejos sobre la marca del rotulador y saca de nuevo la aguja por el segundo agujero. ¡Continúa así! Cuando hayas terminado de bordar la marca, haz un nudo en el hilo en el interior de la bolsa.

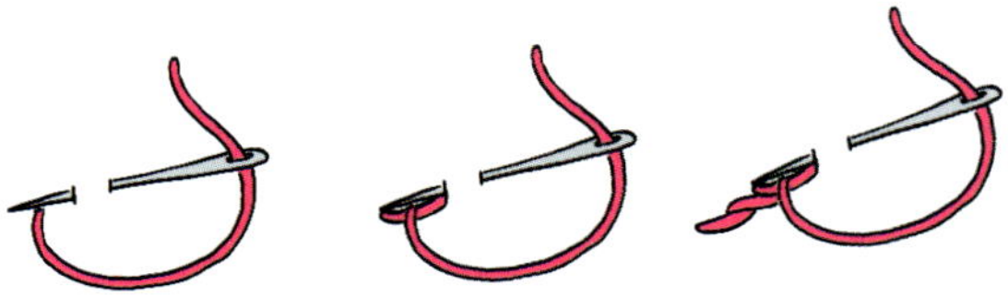

JUEGOS DE ROL

Espectáculo de famosas

¿Y si esta noche fuerais vosotras las famosas?

¡Imposible organizar una fiesta sin música! Unos días antes, haz una pequeña selección de tus cantantes y tus canciones favoritos. Incluso puedes pensar en juegos como tests, el famoso juego de las sillas, un concurso de danza... ¡Tienes el mejor de los problemas: elegir! Puedes involucrar a tus padres pidiéndoles que se encarguen de la música durante los juegos, luego podéis ocuparos de ella por turnos.

Las maracas

Necesitas uno o dos botes cilíndricos de patatas en los cuales verterás granos de arroz o pastas pequeñas. Para asegurarte de que los granos de arroz no corren el riesgo de salir disparados por todas partes, puedes reforzar la tapa con cinta adhesiva. Decora el bote con papeles de colores y cinta.

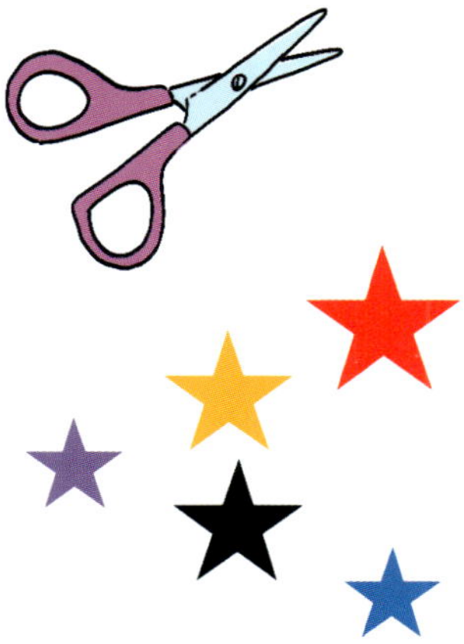

La decoración

- Recorta estrellas de papel rojo, negro, dorado o plateado, y ponlas por todas partes.
- Elabora una alfombra con una manta vieja, una sábana o papel para regalo.
- Elabora micrófonos de papel con el nombre de tus invitadas.

Inventa tu coreografía

Para empezar, debéis encontrar la canción apropiada, una con la que todo el mundo esté de acuerdo. Pensad en vuestros *hits* favoritos, comenzad a tararearlos y ved cuál de todos os inspira movimientos que puedan sincronizarse bien. Una vez hayáis escogido la canción, tomaos unos minutos cada uno para pensar las ideas de movimientos: tres pequeños pasos de costado, una ola con los brazos, etc. Luego juntad vuestras ideas y repetid los pasos hasta aprenderos la coreografía de memoria. Al día siguiente o esa misma tarde, si ya estáis preparadas, presentadles a vuestros padres un auténtico espectáculo de artistas.

1... 2... 3...

100% TEMÁTICOS

TU FIESTA DE UNICORNIO

¿A quién no le gustan los unicornios y su mundo mágico?

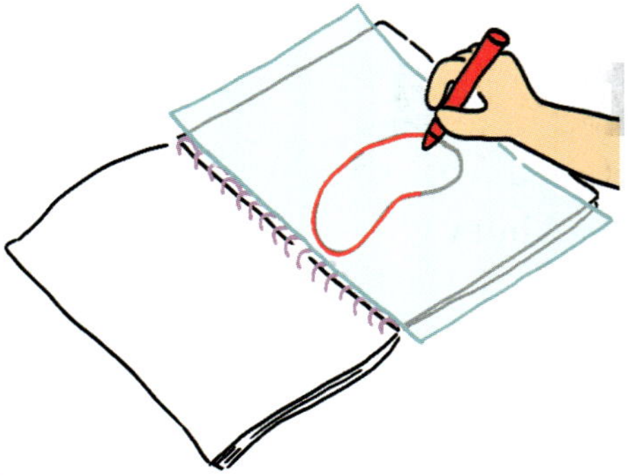

La invitación

Necesitas:

- papel de calco
- tijeras
- cartón
- pegamento
- rotuladores
- listones de 10 cm

1. Calca o fotocopia la máscara de noche de la página 127, luego reprodúcela en el papel-cartón. Recórtala.
2. Recorta un triángulo en el papel-cartón para hacer el cuerno. Pégalo en la máscara.
3. Dibuja las líneas del cuerno con un rotulador.
4. Pega un listón a cada lado de la máscara.
5. Escribe el mensaje de tu invitación en el reverso. Puedes inspirarte en la página 8.
6. Calca y recorta los elementos de la página 127 y pégalos en tu invitación.

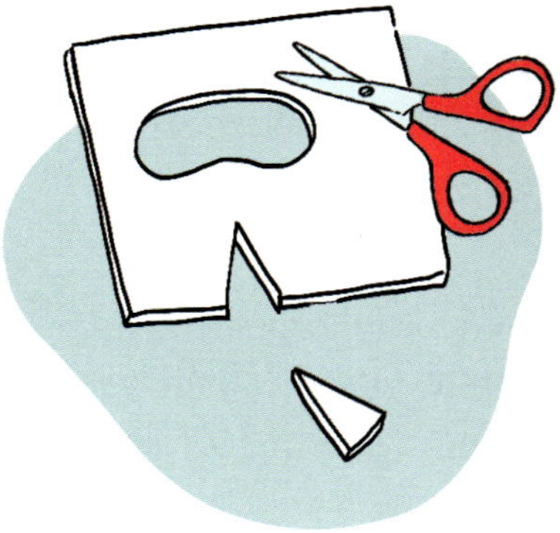

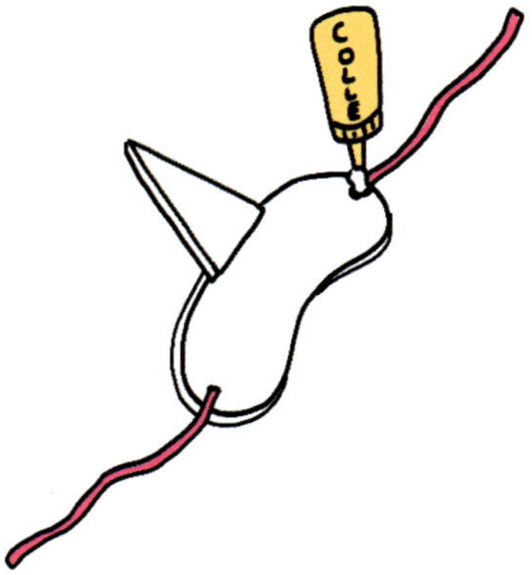

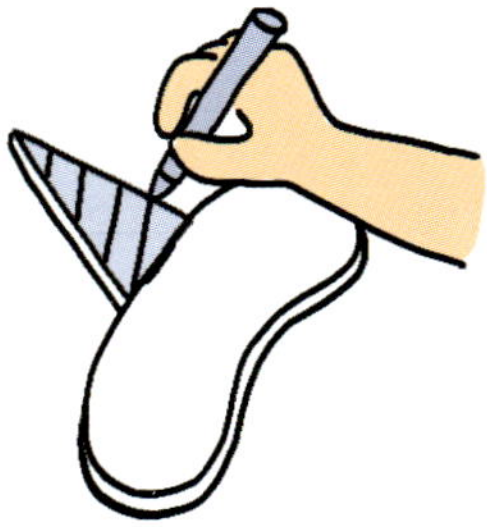

Los *cupcakes*

Necesitas:

(para 5 personas)

- ➔ 1 huevo
- ➔ 30 g de azúcar
- ➔ 30 g de harina
- ➔ 30 g de mantequilla
- ➔ cápsulas de papel para *cupcakes*
- ➔ molde para *cupcakes* (o para *muffins*)
- ➔ una manga pastelera

Para la decoración:

- ➔ 125 g de mascarpone
- ➔ 130 ml de nata líquida entera
- ➔ 30 g de azúcar glas
- ➔ colorantes
- ➔ perlas multicolores

1 Precalienta el horno a 180 °C.

2 Rompe el huevo, separa las yemas de las claras y bate estas últimas a punto de nieve.

3 Mezcla las yemas con el azúcar.

4 Añade las claras a tu preparación revolviendo suavemente.

5 Agrega la harina mientras bates y continúa mezclando.

6 Derrite la mantequilla en el microondas durante unos segundos y agrégala a la mezcla.

7 Pon las cápsulas en las cuencas del molde y llena dos tercios con la preparación.

8 Mételos al horno durante 15 minutos.

Para la decoración

1 Bate el mascarpone, la crema y el azúcar.

2 Separa esa mezcla en varios tazones y agrega los colorantes para darles colores diferentes.

3 Cuando los *cupcakes* salgan del horno y se hayan enfriado, vierte una de las preparaciones en la manga pastelera y decora tus pastelitos. Puedes hacer *cupcakes* de un solo color, bicolores, tricolores... ¡Tú eliges!

4 Agrega las perlas multicolores.

HAZLO TÚ MISMA

Trucos astutos

¿Recuperar prendas viejas y demasiado pequeñas para hacer cojines? ¡Qué buena idea!

Necesitas:

- una camiseta vieja
- tijeras
- pegamento para tela, o bien hilo y aguja
- relleno para cojines o telas recicladas

RECICLAJE

Recorta un cuadrado en la camiseta. Si tiene algún estampado bonito, ¡mejor aún! Quédate con la tela que has recortado.

Coloca los dos cuadrados obtenidos por el reverso, uno sobre el otro. Cose o pega los contornos de los pedazos de tela, dejando una abertura de 5 cm.

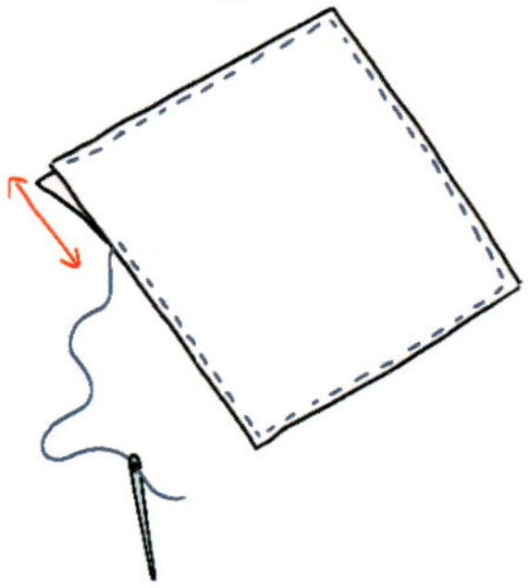

Voltea la funda del cojín para que puedan verse las caras exteriores. Mete el relleno en el cojín, pueden ser prendas o telas viejas.

Cierra la pequeña abertura de 5 cm cosiéndola o pegándola.

PARA LAS GRANDES COSTURERAS

Necesitas:

- unos pantalones vaqueros viejos
- tijeras
- hilo y aguja
- relleno para cojín

Recorta el pantalón siguiendo las costuras para obtener diferentes costados de tela.

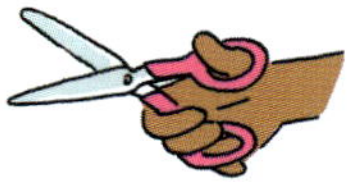

Acomódalos de manera que se formen dos cuadrados del mismo tamaño.

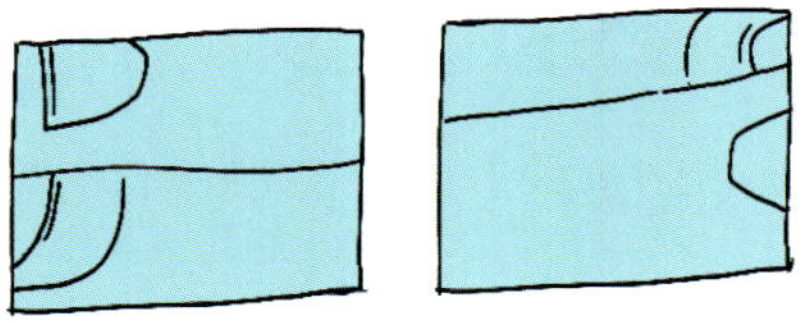

Pon los cuadrados por el reverso, uno sobre el otro, y cóselos dejando una abertura de 5 cm.

Voltea la funda del cojín para que puedan verse las caras exteriores. Mete el relleno en el cojín.

¿CÓMO ELABORAR RELLENO PARA COJINES?

Basta con recortar tus prendas viejas o rotas en tiras de tela.

Cierra la abertura de 5 cm cosiendo a mano.

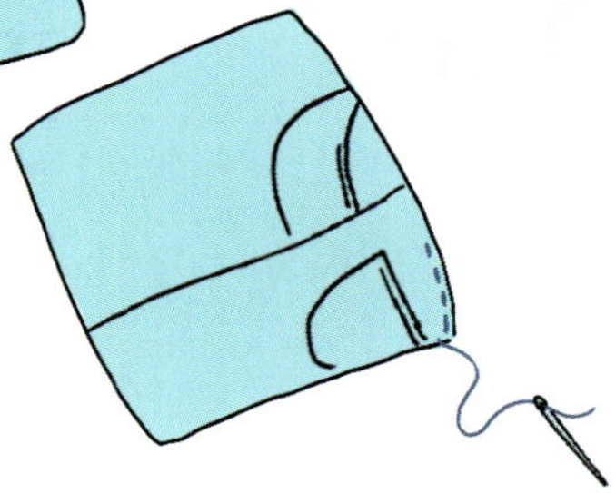

TU FIESTA DE HARRY POTTER

Imagina que eres un alumno de Hogwarts
y pasa una noche... ¡embrujada!

Invitación de caldero

Necesitas:

- botes de vidrio vacíos (por ejemplo, de yogur)
- pintura acrílica marrón y un pincel
- un marcador blanco o pintura acrílica blanca
- un papel y un boli
- dulces en forma de tiras delgadas

1. Pinta los botes de marrón y déjalos secar.
2. Escribe «INVITACIÓN» en cada uno de los botes con ayuda del marcador blanco.
3. Escribe tu mensaje de invitación, dóblalo y mételo en el bote.
4. Llena el bote de dulces recortados para imitar las serpientes.

¡Entrega las invitaciones y diles a tus amigos que hay una sorpresa en el interior!

Elixir de bruja

Prepara bebidas de diferentes colores (puedes inspirarte en las páginas 116-117) y pega una etiqueta en cada recipiente para ambientar a tus amigos. Por ejemplo: saliva de babosa, extracto de larva, sangre de víbora, jugo de cerebro, etc.

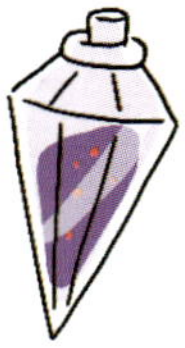

Deco quidditch

Necesitas:

- tres platos de cartón
- tijeras
- pintura amarilla o dorada
- tres palitos para brocheta
- tres velas calientaplatos
- cinta adhesiva

1 Quita el centro de los platos y quédate solo con el contorno.

2 Pinta los platos recortados y deja secar.

3 Clava los palitos para brocheta en las velas calientaplatos.

4 Pega el otro extremo de los palitos para brocheta en el reverso de los platos.

El juego

Necesitas:

- La decoración de *quidditch:* los tres aros alineados
- Pelotas de *ping-pong*

Antes de entrar al campo de *quidditch*, ¡debéis aprender a apuntar bien! Determinad una línea de partida y, por turnos, lanzad una pelota de *ping-pong* tratando de apuntar al aro. ¡Alejaos conforme mejore vuestra habilidad!

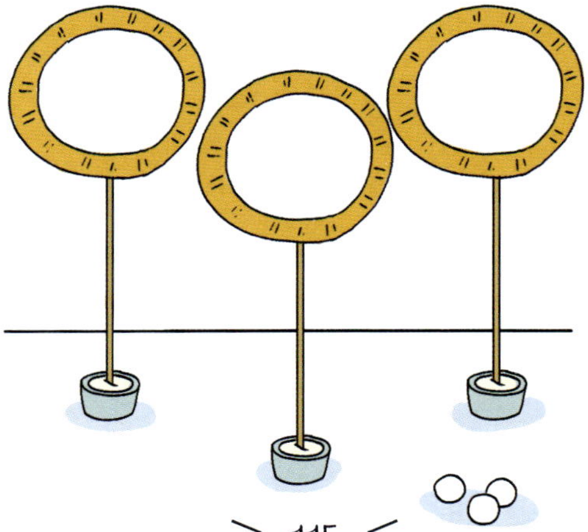

RECETAS Bebidas a montones

¡Prepara bebidas impresionantes para tus invitados!

Para refrescarse

AGUA DINAMITA

Necesitas:

(para 1 jarra)

- → 1/2 pepino
- → 1 puñado de hojas de menta
- → 1 limón amarillo
- → 1 limón verde

1 Lava el pepino. Córtalo en rodajas finas sin pelarlo.

2 Enjuaga las hojas de menta.

3 Exprime el limón amarillo para extraer el jugo.

4 Corta el limón verde en rodajas finas.

5 Pon todos los ingredientes en una jarra, agrega agua y deja macerar durante mínimo 1 hora.

6 Agrega hielos en el momento de servir.

Para el antojo

BATIDO DE PLÁTANO A LA VAINILLA

Necesitas:

(para 2 licuados)

- → 1 plátano
- → 4 bolas de helado de vainilla
- → 1 yogur natural

Mezcla todos los ingredientes, ¡y listo para disfrutar!

Para algo exótico

SMOOTHIE TUTTI FRUTTI

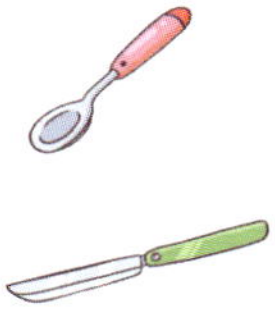

Necesitas:

(para 2 *smoothies*)

- → 1 naranja
- → 1 plátano
- → 100 g de mango fresco

1 Exprime la naranja.

2 Mezcla el plátano con el mango.

3 Agrega el jugo de naranja y mezcla.

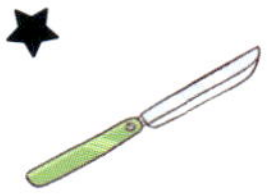

Para algo colorido

ISLA DESIERTA

Necesitas:

(para 2 vasos)

- → 1/2 limón
- → 200 ml de jugo de piña
- → 120 ml de jugo de fruta de la pasión
- → Granadina

1 Exprime el medio limón.

2 Vierte todos los ingredientes en un mezclador con hielos.

3 Sacude enérgicamente y vierte la preparación en los vasos.

4 Espera a que los líquidos se asienten para ver cómo aparecen los diferentes colores.

¡UNA DELICIA!

TIP

Si no tienes un mezclador, puedes verter los jugos en una botella de agua vacía y agitar bien.

TESTS & TIPS

¡A la cama!

¡He aquí una buena fiesta que llega a su fin! Antes de que tus padres aparezcan en la habitación, será tiempo de irse a la calma...

Hora límite

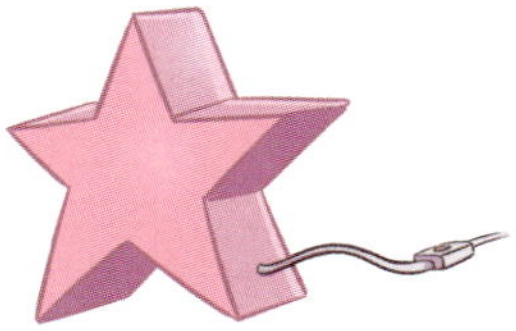

Seguro que acordaste con tus padres la hora límite a la que podrías irte a dormir. Intentad prepararos un poco antes de la hora establecida para tener tiempo de contaros los últimos secretos antes de quedaros profundamente dormidas.

Cama acogedora

¡Para dormir bien, hay que hacer algunos preparativos! Golpea suavemente tu almohada para orearla e inflarla, estira bien tu edredón. ¡Qué placer es deslizarse en el interior de una cama fresca y bien hecha!

Aseo general

Después de haberte puesto el pijama, si es que no lo habías hecho ya, lávate los dientes. Un investigador inglés aconseja hacerlo a oscuras para propiciar el sueño. ¡Puede ser gracioso intentarlo!

¡Shhh!

¡Bajad el volumen para calmaros y evitar así que tus padres escuchen vuestras conversaciones!

Un pequeño deseo para el camino

Antes de dormirse, cada uno pide un deseo y lo dice en voz alta. Al día siguiente, proponed maneras de realizarlo...

¿Sabías que...?

Entre los 6 y los 13 años, los niños necesitan dormir entre nueve y once horas, ¡así que directo a la cama!

¡Llegó el momento!

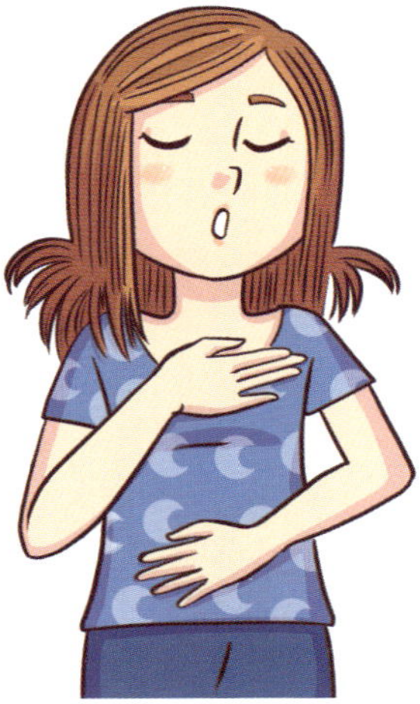

Así es, el cuchicheo se terminó, hay que cerrar los ojos y conciliar el sueño. ¡No es tan fácil cuando hemos estado haciendo locuras! Si no logras dormirte, acuéstate sobre la espalda y relaja tu cuerpo. No pienses en nada, y concéntrate en tu respiración. Inspira profundamente por la nariz y ve aflojando tu respiración suavemente, exhalando por la boca entreabierta. Repite la operación; normalmente ya deberías estar relajada. Si no es el caso, visualiza todo lo que podrás hacer al día siguiente.

TESTS & TIPS

¡Gracias!

La fiesta ha llegado a su fin y es importante saber dar las gracias.

Un regalo para ellas...

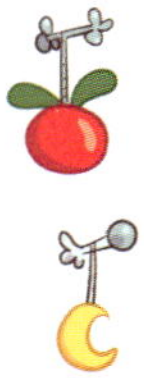

Es posible que tus amigas hayan venido con un pequeño regalo para ti. Ahora te toca a ti agradecerles su visita. Un pequeño gesto es suficiente: unos dulces, unas joyitas o *stickers* les gustarán mucho y se acordarán de la fiesta.

Un recuerdo para ti...

Para quedarte con un recuerdo de tu fiesta de pijamas, puedes pedirles a tus amigas que firmen una funda de almohada con un rotulador indeleble.

Gracias, papá y mamá

Incluso si ya lo has limpiado todo y os portasteis bien, no olvides darles las gracias una vez más a tus padres. ¡Más vale agradecer de más que no hacerlo lo suficiente!

Acordarse de las cosas bonitas

Los recuerdos de los buenos momentos permiten transformar lo negativo en positivo. Entonces, cuando te dé el bajón, ¡piensa en esta fiesta increíble y en repetir la experiencia muy pronto!

Adornos para tu invitación

100% TEMÁTICOS

PARA TUS FOTOS

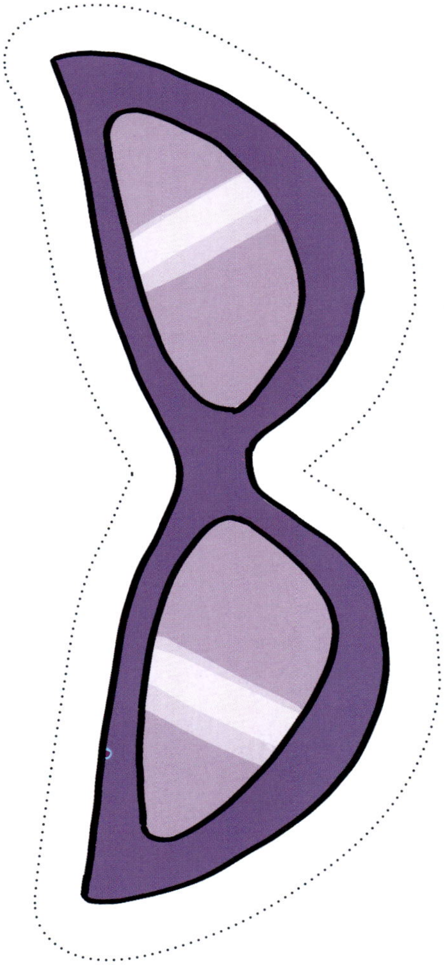

INVITACIÓN PARA LA TARDE DE CINE

100% TEMÁTICOS

MÁSCARA DE NOCHE

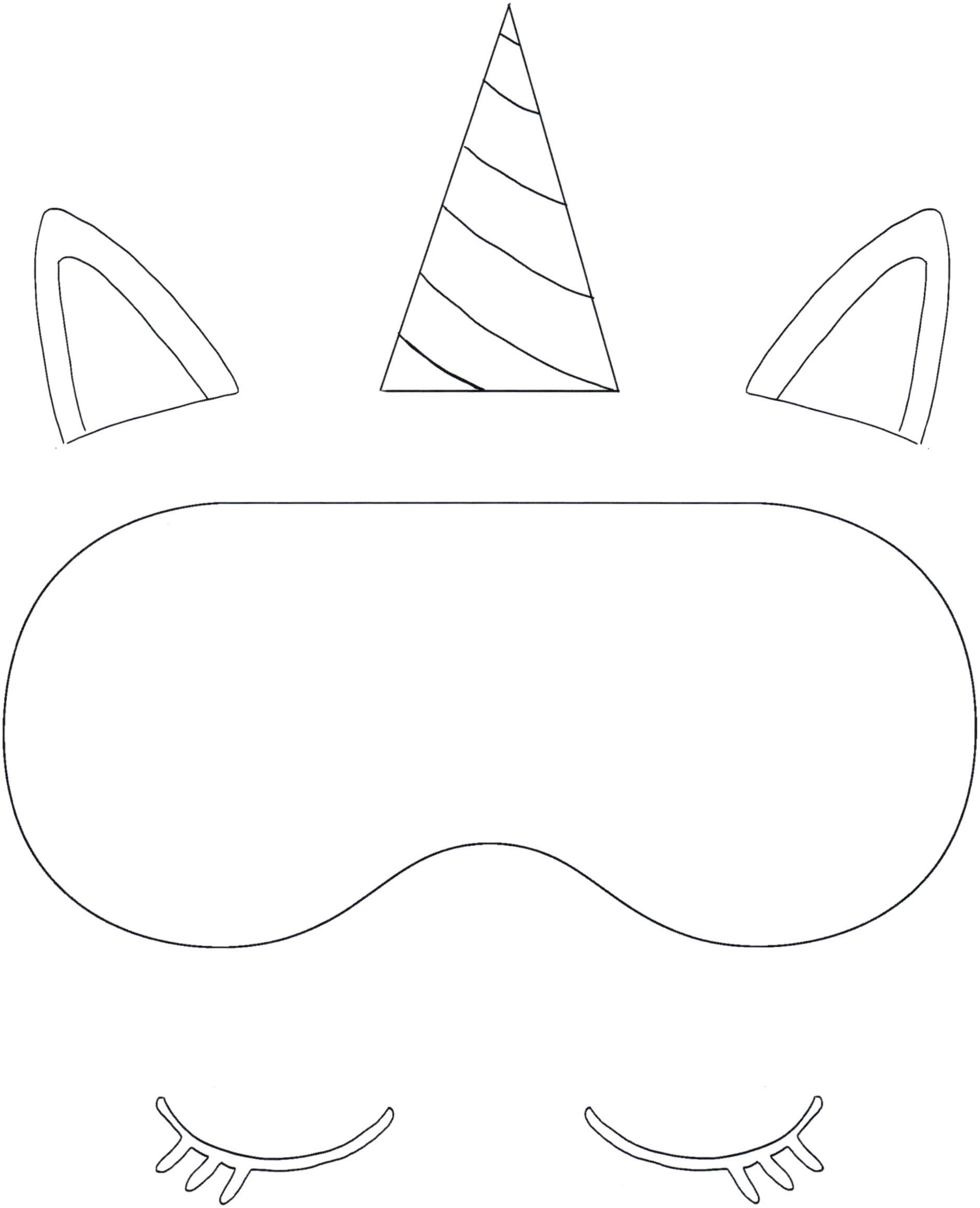

Texto

Aurore Meyer

Ilustraciones

Amandine

La portada del libro
y las secciones:
Retos de todo un poco
y Recetas

Marygribouille

Secciones: Hazlo tú misma,
Juegos de rol,
100 % temáticos y
Estilo, moda y belleza

Pierre Uong

Secciones:
Tests & tips

Título original: *Le super guide pour une super soirée pyjama*

Primera edición: febrero de 2026

Valentín Beato, 21. 28037 Madrid
www.anayainfantilyjuvenil.es

PAPEL DE FIBRA
CERTIFICADA

ISBN: 978-84-143-5974-7
Depósito legal: M- 22855-2025
Impreso en España - *Printed in Spain*